칠십인역은 구약 연구뿐 아니라, 신약 연구에서도 떼려야 뗄 수 없는 중요한 분야이다. 특히 신약에서의 구약 사용을 연구하려면 반드시 다루어야 하는 영역이 그리스어 구약성경, 즉 칠십인역이다. 이미 세계 성서학계에서는 연구가 활발한 분야임에도, 국내에서는 그리스어 구약성경에 대한 마땅한 개론서가 없을 정도로 칠십인역 분야는 실로 척박한 토양이다. 이제 한국 성서학계의 창고에 이 토양을 개간할 긴요한 연장이 시의적절하게 갖춰지게 되었다. 구약을 연구하든, 신약을 연구하든 본서는 성서학 연구자뿐 아니라 신구약 본문을 진지하게 공부하는 목회자의 본문 연구 항해에 요긴한 방향타 역할을 할 것이며, 무엇보다도 황무한 국내의 칠십인역 연구에 고마운 마중물이 되어 줄 것이다.

김경식 웨스트민스터신학대학원대학교 신약학 교수, 한국복음주의신약학회 총무 역임

칠십인역은 서양에서나 우리나라에서나 구약의 책이면서 신약의 언어이기 때문에 관심 영역에서 종종 벗어나 있었던 것이 현실이다. 하지만, 거꾸로 히브리어 구약성경의 신앙이 그리스어 세계의 신약성경에 전해지는 데 칠십인역이 결정적이었던 점도 부정할 수 없는 사실이다. 그런 점에서 다시 한번 『칠십인역 입문』이 번역된 것을 기쁘게 생각한다. 이 책이 칠십인역의 역사와 본문, 그 의미에 관해 찬찬히 친절하게 설명해주어 입문자들에게 충분한 도움을 주리라고 여긴다. 유럽 기반의 연구서들을 보충하여 학습한다면 더할 나위 없을 것이다.

김정훈 부산장신대학교 구약학 교수

칠십인역은 신약에서 인용된 구약성경과 밀접한 관계가 있다. 하지만 그토록 많은 언급에 비해서 헬라어로 된 구약성경이라는 단순한 사실보다 더 자세한 내용을 아는 사람은 거의 없다. 게다가 그 내용을 다루는 도서조차 너무 전문적인 경우가 많아 연구를 시작하기에도 부담스러웠다. 이 책은 분량이 간결하면서도 꼭 알아야 할 내용들이 포함되어 거리감을 메워 줄 수 있어서 매우 반갑다.

김한원 총신대학교 신학대학원 구약학 겸임교수

복음주의 구약학자와 신약학자가 협업하여 쓴 본서는 그리스어 구약이 우리의 관심을 끌어야만 하는 이유를 다층적으로 설명한다. 번역이 태동하게 된 역사적 배경, 번역 과정, 그리스어 구약의 발전 과정과 개정판본들의 출현, 구약 연구에서의 중요성 등을 다룬 흥미진진한 서술은 독서의 즐거움을 더해 준다. 히브리 성서와 그리스어 구약과의 관계를 논하는 끝부분은 이 책의 절정을 이룬다. 복음주의 학자들이면서도 학문적 정밀성으로 쓴 이 그리스어 구약('칠십인역') 안내서는 차분하게 논리적이고, 서술은 서사적이고, 적용은 실제적이다. 목회자들은 물론 신학도들은 반드시 읽어야 할 책이라 생각하며 진심을 담아 추천한다.

류호준 백석대학교 신학대학원 구약학 은퇴 교수

그리스어 구약은 매혹적이지만 까다로운 영역이다. 그래서 래니어와 로스 같은 신뢰할 만한 안내자가 필요하다. 그들은 정확성을 놓치지 않으면서 '칠십인역'이라는 용어 이면의 복잡성을 알기 쉬운 방식으로 소개한다. 이런 간추린 입문서는 보기 드문 성과라고 할 수 있다. 아주 훌륭한 책이나.

피터 J. 윌리엄스 틴데일 하우스 총장

목회자들과 신학생들은 나에게 '영어를 사용하는 현대 그리스도인에게 칠십인역의 정체와 의미가 무엇인지' 자주 질문한다. 『칠십인역 입문』은 이런 질문에 내놓을 새로운 추천 도서이다. 이 책은 주제에 대한 학문적인 지식을 다루었지만, 그럼에도 접근이 편하고 읽는 재미가 있다.

로버트 L. 플러머 남침례교 신학교 성서학 교수

칠십인역에 관심이 있는가? 그럼 이 책부터 시작하라. 접근하기 쉬운 이 소개 글은 복잡한 쟁점들이 거쳐 온 과정을 꾸준히 그려내면서, 칠십인역의 내용을 신중하게 다룬다. 학문적 정밀함과 신학적 감수성으로 까다로운 문제를 다루었으므로, 독자들은 칠십인역에 대한 잘못된 편견을 바로잡을 수 있을 것이다. 이 책은 이제 막 연구를 시작한 학생, 대학원생, 목회자, 그리고 우리가 성서를 어떻게 손에 쥐게 됐는지 궁금한 모든 이에게 유용한 책이다.

브랜든 E. 크로우 웨스트민스터 신학교 신약학 교수

수업마다 칠십인역의 가치와 권위에 대한 질문을 받는다. 참 복잡한 문제지만 학생들은 명료한 답을 원한다. 교수인 나는 이전에는 칠십인역의 기원과 역할을 명확하고 정확하게 설명해 주는 자료를 찾지 못했다. 래니어와 로스는 내가 이 질문을 받을 때마다 추천할 책을 집필했다. 적극적으로 추천한다.

패트릭 슈라이너 미드웨스턴 침례 신학교 신약학 및 성서 신학 부교수

칠십인역은 성서 학자와 성실한 평신도 모두에게 난해한 지뢰밭이다. 왜 내 성경 난외주에 칠십인역이 언급되며, 본문과 다른 읽기와 다른 출처를 제시하는가? 왜 신약 저자들은 히브리어 본문이 아닌 칠십인역을 인용했을까? 지뢰밭을 잘 아는 래니어와 로스는 용어, 고대 번역의 과제, 본문과 번역의 역사, 정경 형성, 성서의 권위와 관련된 잠재적 위험에서 독자를 능숙하게 안내하고 반대쪽으로 안전하게 이끈다. 기꺼이 이 책을 추천한다!

존 D. 미드 피닉스 신학교 구약학 부교수

칠십인역 입문

칠십인역의 정의, 역사적 배경,
기원, 번역 과정, 가치, 권위

The Septuagint

What Is Is and Why It Matters

그레고리 R. 래니어, 윌리엄 A. 로스 지음 · 이민희 옮김

북오븐

칠십인역 입문

: 칠십인역의 정의, 역사적 배경, 기원, 번역 과정, 가치, 권위

초판 1쇄 인쇄 2024년 1월 2일 ┃ 초판 1쇄 발행 2024년 1월 9일

지은이 그레고리 R. 래니어, 윌리엄 A. 로스 ┃ 옮긴이 이민희
표지 디자인 디자인스웨터 ┃ 본문 디자인 김지호
편집 김지은, 이혜성

펴낸곳 북오븐 ┃ 펴낸이 이혜성 ┃ 등록번호 제2020-000093호
이메일 bookoven@bookoven.co.kr
페이스북 facebook.com/bookoven ┃ 인스타그램 instagram.com/book_oven
총판 비전북 주문전화 031-907-3927 ┃ 주문팩스 031-905-3927

ISBN 979-11-974071-9-2 (93230)

칠십인역 선택 과목을 용기 있게 수강하고
이 모호한 주제를 향한 교수들의 지나친 열의를
웃음으로 받아 준 학생들에게.
살짝 말하지만, 우리는 여러분을 정말 좋아해요.

차례

표

약어표

고대 작품의 약어는 §8 of *The SBL Handbook of Style*, 2nd ed. (Atlanta: SBL, 2014) 을 따랐다.

ABS	Archaeology and Biblical Studies
Ag. Ap.	*Agains Apion*, by Josephus
Ant.	*Jewish Arnquities*, by Josephus
Anton.	*Antonius*, by Plutarch
ASNU	Acta Seminarii Neotestamentici Upsaliensis
BASOR	*Bulletin of the American Schools of Oriental Research*
B. Bat.	*Baba Batra* (Talmud text)
BBR	*Bulletin of Biblical Research*
BCAW	Blackwell Companions to the Ancient World
BETL	Bibliotheca Ephemeridum Theologicarum Lovaniensium
Bib	*Biblica*
BIOSCS	*Bulletin of the International Organization of Septuagint and Cognate Studies*
BJS	Brown Judaic Studies
BPT	*Biblica et Patristica Thoruniensia*
BTS	Biblical Tools and Studies
CBET	Contributions to Biblical Exegesis and Theology
Civ.	*De civitate Dei*, by Augustine
Comm. Isa.	*Commentariorum in Isaiam libri XVIII*, by Jerome
Comm. Jo.	*Commentarii in evangelium Joannis*, by Origen
Comm. Matt.	*Commentarium in evangelium Matthaei*, by Origen
Comm. Tit.	*Commentariorum in epistulam ad Titum liber*, by Jerome

ConBOT	Coniectanea Biblica: Old Testament Series
Contempl.	*De vita contemplativa*, by Philo
CRINT	Compendia Rerum Iudaicarum ad Novum Testamentum
CrSHB	Critical Studies in the Hebrew Bible
CTL	Cambridge Textbooks in Linguistics
De mens.	*De mensuribus et ponderibus*, by Epiphanius
Dial.	*Dialogus cum Tryphone*, by Justin Martyr
Doctr. chr.	*De doctrina christiana*, by Augustine
Ep. Afr.	*Epistula ad Africanum*, by Origen
ESV mg.	ESV marginal note
ET	English translation
1 Apol.	*First Apology*, by Justin Martyr
Flacc.	*In Flaccum*, by Philo
Geogr.	*Geographica*, by Strabo
Haer.	*Adversus haereses*, by Irenaeus
Hist.	*Eusebii historia ecclesiastica a Rufino translata et continuata*, by Rufinus
Hist. eccl.	*Historia ecclesiastica*, by Eusebius
JAJ	*Journal of Ancient Judaism*
JETS	*Journal of the Evangelical Theological Society*
JNSL	*Journal of Northwest Semitic Languages*
JSJ	*Journal for the Study of Judaism*
JSJSup	Supplements to the Journal for the Study of Judaism
JSNTSup	Journal for the Study of the New Testament Supplement Series
JSOTSup	Journal for the Study of the Old Testament Supplement Series
JTS	*Journal of Theological Studies*
Jub.	Jubilees
LCC	Library of Christian Classics
LCL	Loeb Classical Library
Leg.	*Legum allegoriae*, by Philo
Legat.	*Legatio ad Gaium*, by Philo
LES	Lexham English Septuagint
Let. Aris.	Letter of Aristeas
LHBOTS	Library of Hebrew Bible / Old Testament Studies
LXX	An abbreviation commonly used for the Septuagint, variously defined
LXX.H	Handbuch zur Septuaginta
Mos.	*De vita Mosis*, by Philo
MT	Masoretic Text
NETS	New English Translation of the Septuagint

NovT	*Novum Testamentum*
NovTSup	Supplements to Novum Testamentum
NT	New Testament
OBO	Orbis Biblicus et Orientalis
OG	Old Greek
OLA	Orientalia Lovaniensia Analecta
OT	Old Testament
OTS	Old Testament Studies
OtSt	Oudtestamentische Studiën
P.Oxy.	Oxyrhynchus Papyrus
Praef. ad Par.	*Praefatio in libro Paralipomenon*, by Jerome
Praef. ad Sal.	*Praefatio in libros Salomonis*, by Jerome
Praep. Ev.	*Praeparatio evangelica*, by Eusebius
Pr. Azar.	Prayer of Azariah
P.Ryl.	Rylands Papyrus
r.	reigned
Rahlfs-Hanhart	Rahlfs, Alfred, and Robert Hanhart, eds. *Septuaginta: Editio altera.* Stuttgart: Deutsche Bibelgesellschaft, 2006.
RB	*Revue biblique*
RESt	*Review of Ecumenical Studies*
SCS	Septuagint and Cognate Studies
SEC	*Semitica et Classica*
SJOT	*Scandinavian Journal of the Old Testament*
SNTSMS	Society for New Testament Studies Monograph Series
Somn.	*De somniis*, by Philo
STDJ	Studies on the Texts of the Desert of Judah
Strom.	*Stromateis*, by Clement of Alexandria
TBN	*Themes in Biblical Narrative*
TENTS	Texts and Editions for New Testament Study
Text	*Textus*
Them	*Themelios*
TSAJ	Texte und Studien zum antiken Judentum
UBW	Understanding the Bible and Its World
VCSup	Supplements to Vigiliae Christianae
Vit. Const.	*Vita Constantini*, by Eusebius
VTSup	Supplements to Vetus Testamentum
WTJ	*Westminster Theological Journal*
WUNT	Wissenschaftliche Untersuchungen zum Neuen Testament
ZAW	*Zeitschrift für die alttestamentliche Wissenschaft*
ZNW	*Zeitschrift für die neutestamentliche Wissenschaft*

역자 일러두기

1. 인용 성서 구절은 영어 원서를 그대로 번역하였다.
2. 성서의 인명, 지명 등은 현대 표현을 우선으로 번역하되 필요시 개역개정 표현을 함께 적었다.
3. 한국에서 통용되는 표현이 있더라도, 사본의 형태를 강조하기 위해 원어 그대로 번역하였다. 사본의 형태 자체가 제작 시기를 드러내기 때문이다. 예를 들어 Leningrad Codex의 경우, 보통 레닌그라드 사본이라고 부르지만, 코덱스 형태이므로 레닌그라드 코덱스라고 했다.

들어가는 글

칠십인역(Septuagint)을 잘 아는 사람은 많지 않다. 종교학을 공부하는 학생들, 심지어 목회자들도 잘 알지 못하며 대다수 평범한 그리스도인들 역시 마찬가지다. 그러나 그리 놀랍지 않다.

목회자들은 자신의 공동체가 그리스어 번역에 익숙하게 하기는커녕, 영어(현대어)로 된 구약을 읽게 하는 일부터 만만치 않다고 느낀다. 성경을 열심히 읽는 사람도 난외주에서 칠십인역이 언급될 때, 무엇인지 잘 찾아보지 않는다. CSB는 창세기 2:2에, ESV와 NIV는 창세기 4:8에 나올 만큼, 제법 앞에서 암호 같은 난외주가 칠십인역을 언급하는데도 말이다.

고등교육의 압박이 심해지는 상황에서 보통의 종교 교육과정은 교회사, 신학, 성서 입문 강좌를 개설할 여력이 부족하다. 목회자가 되기 위해 훈련 중인 사람들이 상담학이나 설교학보다, 복잡한 성서 원문의 역사를 배우는 데 시간을 더 들여야 할까? 결국, 설교 준비에 칠십인역을 얼마나 자주 사용할 수 있을까? 이런 실용성을 포함한 다른 많은 이유로, 사람들은 이 분야의 연구가 그럴 만한 구실에 따라 무시됐다고 결론 내린다.

그런데도 이 책이 나왔고, 여러분은 읽고 있다. 바로 이 두 가시 사실이 칠십인역에 대한 관심이 늘어나고 있다는 증거다. 이런 관심은 학자들과 열정적인 학생들에게 주로 보인다. 그러나 일부 학계의 동향이 그렇듯, 해당 분야 바깥에서도 관심이 생겨나고 있다. 관심이 넓어진 이유는 다음과 같다. 구약 본문 및 신뢰성에 대한 의문이 제기되고, 구약이 경전으로 형성된 과정이 불분명하며, 신약 저자들이 칠십인역의 중요성을 지지하거나 부인하기 때문이다. 성서를 사려 깊게 읽는 독자들이라면 각 쟁점을 진지하게 생각해볼 만하다.

이런 목적으로, 최근 몇 년 칠십인역을 소개하는 글들이 등장했다.[1] 그런데 왜 또 다른 글을 썼을까? 이 책에서 우리는 종종 불가능하리라 여겼던 과제들을 달성해 보려고 한다. 너무 복잡한 칠십인역의 기원, 전수, 기능에 대한 논의에서 정수만 뽑아내, 평신도는 쉽게 접근하고 학자들은 유용하게 활용할 간략한 소개서를 제시하는 것이다. 이런 목표를 달성하고자, 전문가들이 기대할 법한 몇몇 세부 내용은 피하면서(우리를 용서하시길!), 칠십인역을 처음 접하는 사람들에게는 참신하고 복잡할 수 있는 세부 내용을 파고들어야 했다(추천해 주시길!). 성서 언어를 몰라도 읽을 수 있는, 약 200쪽 정도의 진정한 '소개 글' 안에 말하고 싶은 모든 것을 다 담을 수는 없다.[2] 그러므로 우리는 두 개의 큰 질문을 던지고 이

---

1   특히, Karen H. Jobes and Moisés Silva, *Invitation to the Septuagint*, 2nd ed. (Grand Rapids, MI: Baker Academic, 2015).

2   비교하자면, Jobes와 Silva의 책은 그리스어와 히브리어에 대한 지식이 어느 정도 있음을 전제로 하며, 400쪽이 넘는다.

를 소주제로 나누어 대답하는 데 집중했다.

1부에서는, '칠십인역이란 무엇인가'라는 질문에 다음과 같은 주제를 담아서 답한다.

　　1장: '칠십인역'에 대한 기초, 그리고 명칭이 다소 문제적인 이유

　　2장: 번역의 기원 (누가, 어디에서)

　　3장: 히브리 성서를 그리스어로 번역하기 위해 사용된 접근법(들)

　　4장: 역사 도처에서 일어난 그리스어 본문의 전수

1부는 독자들에게 칠십인역에 관한 기본 지식을 폭넓게 전달한다.

2부에서는, '왜 이것이 문제가 될까?'라는 질문에 다음과 같은 주제를 담아서 답한다.

　　5장: 구약 연구에서 칠십인역의 가치 (정경, 본문, 해석)

　　6장: 신약 연구에서 칠십인역의 가치 (초기 교회의 채택, 신약의 문체/어휘에

　　　미친 영향, 구약 인용에서 사용)

　　7장: 오늘날 교회에서 칠십인역이 갖는 권위의 성격

2부는 오늘날 그리스도인에게 꼭 필요한 칠십인역의 기본 지식을 다양한 방식으로 소개한다.

이 책은 목회자나 성서를 가르치는 이가 칠십인역에 대해 알아야 할 (그리고 가르쳐야 할) 열 가지 짤막한 설명으로 마무리된다. 여기에는 향후 연구를 위한 핵심 자료인 선별된 참고 문헌 목록도 포함된다.

The Septuagint

What It Is and Why It Matters

1부

칠십인역이란 무엇인가?

1장

(이름과 상관없이)
이른바 칠십인역이란 무엇인가?

'칠십인역'은 일단 이스라엘의 그리스어 성서 모음집을 일컫는 용어이다. 그러나, 오해를 일으킬 수 있는 이 단순한 정의 아래 많은 복잡성이 있다. 이어지는 장들에서 이를 자세히 살피기 전에 먼저 이른바 칠십인역이 정확히 무엇이고 또 무엇이 아닌지, 이 용어는 유용한 것인지도 더 명확히 설명해야 한다. 이를 위해, 다음 두 쟁점을 다룰 것이다.

1. 히브리 성서의 배경: 히브리 성서의 그리스어 번역을 논의하기 전, 히브리 성서의 어떤 측면을 이해해야 할까?
2. 용어의 문제: 칠십인역을 개념화하는 데 유용하지 않은 방식은 무엇인가? 그리스어 본문 모음집에 이름 붙이기 가장 좋은 방식은 무엇인가?

이런 주제를 다루면서, 이후 제시될 질문에 대답할 토대를 마련하고자 한다.

히브리 성서의 배경

칠십인역에 대해 말하는 것은 히브리 성서를 가정하는 것이다.[1] 어떻게 보면, 본질적으로 하나가 다른 하나의 번역이기 때문에, 이는 당연한 가정이다. 그러나 히브리 성서에는 그다지 명백하지 않은 (덜 이해된) 측면들이 있으며, 시작하자마자 칠십인역의 수렁에 빠지지 않으려면 이런 측면들을 살피는 일이 중요하다.

오늘날 구약

오늘날 판매되는 모든 현대어 구약은 고대 히브리 성서를 번역한 책들이다. 성경마다 시작에서 밝히듯, 이런 번역들은 마소라 본문(Masoretic Text, MT)[2]으로 알려진 특정 전승을 기초로 한다. 마소라 본문의 가장 완벽한 사본은 AD 11세기까지 거슬러 올라가는 레닌그라드 코덱스(Leningrad Codex)로, 훨씬 오래전의 기록 전승을 안정적으로 보존하고 있다.

동시에, 현대어 구약 번역의 난외주에는 마소라 본문과 다르게 번역한 다른 고대 본문들이 언급돼 있다. 예를 들어, ESV의 창세기 4:8의 난외주는 "사마리아 오경, 칠십인역, 시리아 역본, 불가타(Vulgate)에는 **우리 들판으로 나가자**가 추가돼 있다"고 말한다. 또는 창세기 4:15에 대해 NIV 본문은, "그렇지 않다"고 읽지만, 각주는 "칠십인역, 불가타, 시리

---

1   학계에서는 구약이라는 용어가 기독교적 관점을 전제하기 때문에 이 용어를 피하길 선호한다. 이는 우리 관점이므로 이 용어를 거리낌 없이 사용한다. 그러나, 또한 고대 언어와 텍스트에 대한 정밀함이 요구될 때는 히브리 성서라는 용어를 사용한다.

2   전체 히브리 성서의 표준 학술판은 다음이다. Karl Elliger and Wilhelm Rudolph, eds., *Biblia Hebraica Stuttgartensia* (Stuttgart: Deutsche Bibelgesellschaft, 1977).

아 역본을 따름; 히브리어 **매우 좋다**"라고 말한다. 이런 차이들은 대부분 경미하다. 그러나, 중요한 차이들도 있으며, 이는 나중에 다룰 것이다. 마소라 본문은 전반적으로 매우 신뢰할 만하고 아주 오래됐지만, 이런 난외주들은 마소라 본문이 완벽하지 않고 그 자체로 구약의 단일한 '원본' 본문을 담아내지 않는다는 점을 암시한다.

여기서 주목해야 할 핵심은 현대의 성서 번역에서 사용된 히브리어 본문은 수천 년 전 성경을 기록할 때 회람됐던 본문과 절대 같지 않다는 점, 그리고 고대 그리스어 번역가들 앞에 놓였던 본문과도 다르다는 점이다. 따라서 히브리 성서는 어디에서 왔고 (우리가 현대의 성서 난외주에서 보는 것과 같은) 문구의 차이는 어떻게 나타나기 시작했는지 감을 잡는 것이 중요하다.

히브리 성서의 가장 초기 사본들

히브리 성서 본문은 수 세기에 걸쳐 사람의 손으로 기록됐고 필사됐다. (인쇄 기계가 등장하기 전 모든 텍스트가 그렇듯 말이다.) 대다수 고대의 문헌은 돌, 점토판, 나무, 양피지, 심지어 금속에 쓰였다. 성경은 기록된 텍스트로서 특히 높은 평가를 받았는데, 파피루스나 양피지에 기록됐을 가능성이 크기 때문이며, 나중에 '메길라'(*megillah*) 또는 '세페르'(*sepher*)라고 불리는 하나의 두루마리로 합쳐졌다.[3]

---

3   일종의 갈대 펜이 아마도 일반적인 필기도구였을 것이다. Emanuel Tov, *Scribal Practices and Approaches Reflected in the Texts Found in the Judean Desert*, STDJ 54 (Leiden: Brill, 2004), 29-52. 고대의 기록 기술의 개요는 다음을 참고하라. Christopher A. Rollston, *Writing and Literacy in the World of Ancient Israel: Epigraphic Evidence from the Iron Age*, ABS 11 (Atlanta: SBL, 2010).

초기 문자 체계들은 복잡했기 때문에(설형문자처럼), 고대 세계의 많은 지역에서 필사는 전문화된 작업이었다. 그러나 BC 2000년과 1500년 사이, 더 간단한 알파벳 문자들이 개발되며 일반인들의 읽고 쓰는 능력이 향상됐다.[4] 이스라엘 인구 중 일부는 기본적인 수준에서 읽고 아마 쓸 수도 있었던 것으로 보인다(예, 신 6:9; 삿 8:14).[5]

다윗 시대 무렵, 예루살렘 궁전 및 성전에 관련된, 히브리 서기관들을 양성하는 전문적인 훈련 체계가 출현했을 것이다(예, 삼하 8:16-18; 왕상 4:1-6; 왕하 18:18).[6] 이스라엘 사회 내부에서 차지하는 군주제 및 종교 관습의 중요성을 감안할 때(예, 신 17:18-19), 훈련은 가능한 한 일관성과 정확성을 갖추면서 기록 문서들을 기록하고 필사하는데 초점을 두었다. 이 가운데 가장 중요한 문서는 성서 본문 자체로, 사본을 추가해야 할 때나 두루마리가 닳았을 때 정확하게 다시 제작해야 했다.[7] 여전히 불분명한 세부 사항이 많지만, 아마도 이스라엘의 종교 행정과 관련한 어떤 제사장 겸 서기관들이 성전 기록보관소에 성스러운 글의 권위 있

---

4   Rollston, *Writing*, 19–46; William M. Schniedewind, "Writing and Book Production in the Ancient Near East," in *The New Cambridge History of the Bible*, vol. 1, *From the Beginnings to 600*, ed. James Carleton Paget and Joachim Schaper (Cambridge: Cambridge University Press, 2013), p. 46, p. 56.

5   다음을 참고하라. André Lemaire, *Les écoles et la formation de la Bible dans l'ancien Israël*, OBO 39 (Göttingen: Vandenhoeck & Ruprecht, 1981); Christopher A. Rollston, 'Scribal Education in Ancient Israel: The Old Hebrew Epigraphic Evidence,' BASOR 344 (2006): 47–74.

6   David M. Carr, *The Formation of the Hebrew Bible: A New Reconstruction* (Oxford: Oxford University Press, 2011), 355–85; Karel van der Toorn, *Scribal Culture and the Making of the Hebrew Bible* (Cambridge, MA: Harvard University Press, 2007), 82–96.

7   Alan R. Millard, "In Praise of Ancient Scribes," *Bible&Spade* 2 (1982): 143–53.

는 사본들을 보관했을 것으로 보인다. 이런 관행은 솔로몬 성전이 존재하는 내내 지속됐다.

본문 변형과 칠십인역

BC 586년 예루살렘 함락은 히브리 성서 본문에 막대한 영향을 미쳤다. 바빌로니아인들은 예루살렘을 정복하면서 성전과 이를 지탱하던 왕실 기반 시설을 파괴했다. 많은 제사장 겸 서기관과 관리들은 궁중 인사 및 지식인들과 함께 살해되거나 유배되었다(왕하 24:14-15; 렘 24:1). 파괴에서 살아남은 성경 사본들은 이들을 따라 여러 지역으로 흩어졌다.

성서 본문은 예루살렘 제사장 집단의 조정과 감시가 훨씬 덜한 상태로 이후 수 세기 동안 여러 지역에서 필사됐기 때문에, 크고 작은 본문 변형이 불가피하게 나타나기 시작했다. BC 516년 성전이 다시 건축되면서 제사장 겸 서기관의 활동은 활력을 얻었지만, 히브리 성서의 본문 변형이 이미 어느 정도 시작된 후였다. 이런 과정의 결과는 사해문서의 성서 사본들에서 확인할 수 있다. 이는 1940년대에 발견되었지만, BC 3세기 무렵까지 거슬러 올라가는 것도 있다. 일부 두루마리는 훨씬 이후의 마소라 본문 전승과 매우 유사하거나 심지어 완전히 일치한다. 그러나 다른 두루마리들은 미시적 수준(세세한 단어나 어절)과 거시적 수준(책의 배열이나 길이 등 더 큰 차이) 모두에서 적지 않게 마소라 본문과 다르다.[8]

---

8 이런 본문 다양성을 설명하는 이론들이 많다. 다음을 참고하라. Ronald S. Hendel, "As-sessing the Text-Critical Theories of the Hebrew Bible after Qumran," *The Oxford Handbook of the Dead Sea Scrolls*, ed. Timothy H. Lim and John J. Collins (Oxford: Oxford University Press, 2012), 281-302. 이런 차이에 대해서는 5장에서 다룬다.

이런 전개는 고대 세계가 성경의 모든 사본을 똑같이 타당하거나 훌륭한 것으로 여겼다는 의미가 아니다. 7장에서는 표준화된 성전 사본 또는 다수 본문이 (사해문서 중에서 발견된 것과 같이) 다른 비표준 본문 가운데 존재했다는 증거에 대해 논할 것이다. 그러나 다음과 같은 사실이 여전히 남아있다. 즉 그리스어 번역가들이 작업을 시작할 때, 현장에는 복수의 히브리어 본문이 있었다. 히브리 성서의 고대 사본들은 오늘날 현대 번역에서 사용되는 히브리어 마소라 본문과 완전히 일치하지 않았을 뿐더러, 고대 사본들 간에도 정도의 차이가 다양했다. 궁극적으로, 히브리 성서의 역사는 우리가 바라는 만큼 깔끔하지 않다.

용어의 문제

앞선 논의는 칠십인역이 무엇이고 또 무엇이 아닌지의 수렁에 빠지지 않으려면 개념과 용어를 신중하게 확립해야 한다고 강조한다. 지금까지는 '칠십인역'에 대해 다소 간결하게 이야기했지만, 이제부터는 더 본격적으로 용어를 다듬을 필요가 있다.

첫째, 이미 살폈듯, 번역가들은 표준화된 본문으로 (또는 오늘날 사용하는 본문으로) 작업하지 않았기 때문에 칠십인역을 **바로 그** 히브리 성서의 그리스어 번역이라고 말하는 것은 지나친 단순화이다.

둘째, (많은 현대의 성서 번역들처럼) 한 팀으로 꾸려진 번역위원회가 한꺼번에 완전히 제작했다는 듯이 칠십인역을 그 자체로 단일하고 동질적인 실체처럼 말하는 것은 지나친 단순화이다. 적어도 두 가지 이유 때문에 학생들, 목회자들, 심지어 학자들도 이런 실수를 흔하게 저지른다. 우선은, 오늘날 우리가 '바로 그' 칠십인역의 사본 한 권을 구매할 수 있기 때문에, 별생각 없이 고대에도 신간처럼 전부 한 번에 나왔을 것이라 가정한다.[9] 그러나 다음 장에서 다루겠지만, 그렇지 않다. 또 다른 이유로, 표준 용어 자체가 이런 오해를 계속 불러일으킨다. 칠십인역은 '칠십인역'으로 **불린다**. 다른 책들처럼 단일한 명칭이 있기 때문에 잘 편찬된 동질물이라는 인상을 줄 수 있다.

하지만, 고대 세계에서 기록과 출판 작업은 오늘날과 달랐으며, '바로 그' 칠십인역이라는 단일체로 생각했다는 실제 증거는 어디에서도 찾을 수 없다. 실제, 최초 번역 작업들부터 적어도 제2성전기 말까지 통틀어 (약 BC 3세기 중반부터 AD 1세기 후반까지), 어디에도, 어느 시점에도, 히브리 성서 전체의 그리스어 번역들(복수임을 주목하라)에서 통일성이나 일관성의 개념을 보여 주는 어떤 증거도 찾을 수 없다.[10] 신약을 포함한 고대 기록물을 바탕으로 우리가 아는 한, 그리스어로 기록된 유대 성경을 지칭하는 특정 용어는 없었다.

달리 말하면, 개별 명칭을 붙여야 할 만큼 **히브리어**로 된 성경과 **그리스어**로 된 성경을 질적으로 다르게 여기지 않았던 것이다. 이렇게 본다고 해서, 특정 사본(히브리어든 그리스어든)이 여러 이유로 더 좋거나 나쁘다는 생각이 당시에 없었던 것은 아니다. 이는 4장에서 다룰 것이다. 여기서 핵심은, 히브리 성서의 그리스어 번역본이 여러 장소에서 여러 집단을 통해 수 세기에 걸쳐 수많은 본문으로 다양하게 제작되었고 필사

---

9   '바로 그' 칠십인역의 표준판은 다음과 같다. Alfred Rahlfs and Robert Hanhart, eds., *Septuaginta: Editio altera* (Stuttgart: Deutsche Bibelgesellschaft, 2006).

10   그리스어 오경은 가능한 예외일 수 있다. (2장을 참고하라.)

되었고 개정되었고 회람되었지만, 순전히 그리스어로 쓰였다는 이유만으로 이 본문들을 특별하게 보거나 하나의 통일체로 식별하게 해주는 획일적인 명칭이나 용어가 없었다는 점이다.

'칠십인역' 용어의 역사

그렇다면, 이름과 상관없이, '칠십인역'이란 무엇인가? 단도직입적으로, 이는 편리하기 때문에 사용할 뿐 탓할 구석이 많은 썩 좋지 않은 용어이다. 하지만 우리는 여기에 주로 얽매인다. 그러나 이 용어가 난데없이 등장한 것은 아니다. 숫자 70을 가리키는 라틴어 단어 '셉투아긴타'(*septuaginta*)의 영어식 표현이 '셉투아진트'이다. 비슷하게, '칠십인역'을 짧게 표현하기 위해 숫자 70을 가리키는 로마 숫자 LXX를 약어로 사용하곤 한다. 왜 70일까?

이런 전승은 BC 2세기 무렵, 이집트의 유대 공동체에서 기록된, 『아리스테아스의 편지』(Letter of Aristeas)로 알려진 고대 그리스 문서에서 시작됐다. 다음 장에서 다루듯, 『아리스테아스의 편지』는 오경(창세기-신명기)을 그리스어로 번역하기 위해 예루살렘에서 이집트까지 이동한 유대 학자 72인의 (대부분 전설적인) 이야기를 특별히 담고 있다.

이어 2000년이 넘도록 '셉투아긴타'(*septuaginta*) 용어가 다양한 언어로 채택돼 사용되는 동안 그 문법과 지시 대상 둘 다 발전했다.[11] 하나는 『아리스테아스의 편지』에서 알려진 72인의 번역가들이라는 생각이 딱

---

11   다음을 참고하라. Peter J. Williams, "The Bible, the Septuagint, and the Apocrypha: A Consideration of Their Singularity," *Studies on the Text and Versions of the Hebrew Bible in Honour of Robert Gordon*, ed. Geoffrey Khan and Diana Lipton, VTSup 149 (Leiden: Brill, 2011), 173-78.

70(LXX)으로 바뀐 것인데, 아마도 일종의 약칭(略稱)이었을 것이다.[12] 이 윽고 저술가들은 번역가들 자체를 언급하지 않은 채, 그리스어 번역을 **한 본문으로** 다루는 식으로 '셉투아긴타'(septuaginta, '70')를 사용하기 시작했다.[13] 중세와 초기 근대, 저술가들이 숫자 70을 문법상 **단수** 표현 으로 사용하기 시작하면서(예, 프랑스어로 la Septante) 더 많은 변화가 생 겼다. 결국, 숫자 용어('셉투아긴타'[septuaginta]/LXX)를 번역가의 수를 가리키기보다 단일한 실체로 된 본문을 일컫는 명칭으로 이해하는 것 이 더 자연스러워졌다.[14]

이런 문법적 발전과 더불어, '칠십인역' 전서(corpus)의 구성에 중요한 변화가 일어났다. 원래, 『아리스테아스의 편지』 및 다른 초기 유대 문헌 에는 그리스어 오경만 등장했다.[15] 그러나 초기 기독교 저술가들은 같은 용어 아래 그리스어로 된 구약 전체는 아니어도 다른 책들을 포함하는 경향이 있었다.[16] 또한 초기 기독교의 몇몇 그리스어 성서에 특정 외경 작품들이 포함되면서 더 혼란스러워졌다. 이 중에는 원래 히브리어로 기록된 책의 그리스어 번역들(예, 시락서), 원래 그리스어로 기록된 책들 (예, 솔로몬의 지혜서), 또는 심지어 실제로는 기독교에서 기원한 특정 작 품들(예, 송시 12)이 있었다.[17] 이런 역사의 실제적 결과가 바로 모호하고

12   Josephus, *Ant.* 12.57, 86; Irenaeus, *Haer.* 3.21; Jerome, *Comm. Isa.*, prologue, 18-22.

13   Justin, *Dial.* 120; Augustine, *Civ.* 18.42.

14   Sidney Jellicoe, *The Septuagint and Modern Study* (Oxford: Clarendon, 1968), p. 57.

15   Josephus, *Ant.* 12.48; Philo, *Mos.* 2.25-44.

16   예, Justin, *1 Apol.* 31; *Dial.* 71-73; Eusebius, *Hist. eccl.* 6.16.1. 다음을 참고하라. Martin Hengel, *The Septuagint as Christian Scripture: Its Prehistory and the Problem of Its Canon*, OTS (Edinburgh: T&T Clark, 2002), 26-41.

17   다음을 참고하라. John D. Meade, "Was There a 'Septuagint Canon'?," *Didaktikos 1*,

오해할 여지가 큰 용어, '칠십인역'이다.

앞으로 어떻게 해야 할까?

그렇다면 '칠십인역'이라는 명칭을 버려야 할까? 당장 이렇게 해야 할 듯 부추기는 두 가지 요인이 있다. 하나는 실제 논의에서 나온 잘못된 생각에 기초하고, 다른 하나는 앞서 다룬 역사 및 본문의 복잡성을 인식한 데서 생긴다.

첫 번째는 1611 KJV을 유일한 합법적 성서로 우대하는 특정 근본주의 기독교 집단에서 보이는 경향 때문이다. 겉으로 보기에, 이따금 맹렬하게 유지되는 이런 입장은, 흔히 다수 본문(또는 수용 본문/'텍스투스 레켑투스'(Textus Receptus))으로 알려진 근거 본문에 대한 경외감에서 생긴다. 대체로 KJV만 옹호하는 사람들은 다른 모든 성서 버전은 본문이 변질됐고 따라서 위험하다는 잘못된 견해를 갖고 있다. 이런 견해가 극단에 이른 일부 옹호자들은 특히 외경을 포함하고 있기 때문에, 그리스도 시대 이전 '칠십인역'이 존재했다는 사실을 강력하게 부정한다.[18] 근저에 깔린 이유는 그런 책들은 영감받은 성경의 일부가 아니므로, 예수와 신약 저자들이 '칠십인역' 자체를 사용했을 리가 없으며, 그랬다면 외경의 적법성이 더 넓게 승인됐으리라는 것이다.[19]

---

no. 3 (2018): 40-42. 이 문제를 5장과 7장에서 다시 다룬다.

18   하지만, 시대가 바뀌기 전부터 존재한 히브리 성서의 그리스어 번역들을 증명해줄 확실한 본문 증거가 있다. 특히 BC 2세기까지 거슬러 올라가는 P.Ryl.458은 신명기 일부분을 보존하고 있다.

19   이 주제를 다룬 탁월한 논의는 다음을 참고하라. D. A. Carson, *The King James Version Debate: A Plea for Realism* (Grand Rapids, MI: Baker, 1978). 『킹 제임스 버전 성경의 오류』(이레서원).

이런 관점에는 이해할 만한 측면도 일부 있지만, 가정된 바들이 대부분 정확하지 않다. 우리의 목적을 위해서는, '칠십인역'의 논의 아래 실제 편만하게 깔린 잘못된 개념을 지적하는 정도로 충분하다. 이런 견해를 가진 사람들은 고대 세계에서 회람됐던, 내용의 목차와 고정된 본문이 있는 통합된 책 같은 실체를 함의하는 식으로 이 용어를 사용한다. 이제 이런 이해가 잘못됐음을 분명히 해야 한다. 제2성전기 성경의 본문이 처한 상황에서 이런 종류의 것은 없었다. 그러나 신약 저자들이 히브리 성서의 그리스어 번역을 사용했다는 사실은 수많은 중요한 질문을 낳는다. 6장에서 이런 주제를 상세히 살피고 7장에서 성경 교리의 함의를 논의할 것이다.

'칠십인역'이라는 명칭을 없애고 싶은 두 번째 요인은 용어의 자격, 미묘한 의미, 정확성에 대한 욕구에서 비롯된다. 이런 요인은 자주 무시되거나 오해됐던 고대 맥락에서 본문의 복잡성이 명확하게 인식될 때 불거진다는 특징이 있다. 노련한 학자의 연구에서도 드러날 수 있는 부주의함과 부정확성을 고려하면, 확실히 명칭에 대한 경계는 정당하다.[20] 그러나 대부분의 경우, 학자들은 그들의 연구에서 용어를 어떻게 사용할 계획인지 명시한다. 이쯤에서 다음 용어들의 가장 일반적인 용례를 요약해 볼 필요가 있다.[21]

---

20 다음을 참고하라. Leonard Greenspoon, "The Use and Abuse of the Term 'LXX' and Related Terminology in Recent Scholarship," *BIOSCS* 20 (1987): 21-29.

21 Karen H. Jobes and Moisés Silva, *Invitation to the Septuagint*, 2nd ed. (Grand Rapids, MI: Baker Academic, 2015), 14-17. 『70인역 성경으로의 초대』(CLC); Jennifer M. Dines, *The Septuagint*, UBW (London: T&T Clark, 2004), 1-3.

1. 칠십인역 (LXX)

   a. 보통 고대 유대교의 그리스어 성경을 지칭하기 위해 가장 모호하게 사용되는 용어로, 구체적인 본문, 범위, 또는 역사적 시기를 고려하지 않은 표현이며, 이 책의 제목이 의도한 의미이기도 하다.

   b. 보통 바티칸 코덱스(Codex Vaticanus) 또는 알렉산드리아 코덱스(Codex Alexandrinus) 같은 사본들과 일부 현대 역본들을 가리키는 용어로서, 전서의 문헌적 범위를 지시하기 위해 다소 제한된 의미로 사용되나, 반드시 어떤 구체적인 형태를 가리키는 것은 아니다.

   c. 『아리스테아스의 편지』에서 묘사된 것처럼, 역사적으로 오경의 최초 번역을 가리킬 때만 사용되며, '엄밀한 의미의 칠십인역'을 언급할 때 역시 사용되곤 한다.

2. 고대 그리스어 역본 (Old Greek): 히브리 성서의 어떤 책을 번역한 것이든 가장 오래된 원래의 번역을 가리키기 위해 사용되는 용어로, 이후 개정되거나 다시 번역된 본문과 구분된다. 학자들은 본질상 고대 그리스어 역본을 대표하는 번역으로서 '베투스 테스타멘툼 그라이쿰'(Vetus Testamentum Graecum 또는 '괴팅겐 역본'[Göttingen edition]) 시리즈의 본문을 이용 가능한 가장 뛰어난 비평본으로 간주하는 경향이 있다. 반면 고대 그리스어 역본을 완벽하게 복원하기는 어려우리라고 생각한다.[22]

3. 칠십인역/고대 그리스어 역본: 그리스어 오경의 원래 번역(LXX)과 히

---

22 괴팅겐 역본은 부록의 질문 2를 참고하라.

브리 성서의 다른 모든 책의 원래 번역(OG)이 결합된 전서를 가리키는 것으로, 1c와 2를 결합한 의미로 사용되곤 한다.

더 구체적으로 구분할 수도 있고 때로는 그래야 할 것이다. 그럼에도 구체적인 것이 항상 유용한 것은 아니다. 예를 들어, 두 가지 **덜 구체적인** 의미의 '칠십인역'(1a와 1b)만이 '칠십인역'이라는 의미 범위 안에 번역서가 아닌 외경들을 포함할 수 있다.

끝맺으며

좋든 싫든, 칠십인역 학자들 사이에 보편적인 관례는 없다. 구약의 히브리어판과 그리스어 역본 양쪽 모두의 본문 상황에서 가장 중요한 측면들을 다루는 동시에, '칠십인역'을 부정하도록 부추기는 두 요인 사이에서 균형을 유지하려는 시도가 최선이라고 생각한다. 이를 위해, 부정확한 개념을 유발하거나 용어에 대해 사소하게 트집 잡는 일을 하지 말아야 한다. 우리가 이야기하고 있는 대상의 정확한 개념과 그 대상에 대한 실용적인 명칭은 둘 다 필요하다.

이를 염두에 두고, 히브리 성서에서 정경인 책들의 다양한 후대 번역과 개정본을 의미하기 위해 주로 **그리스어 구약**이라는 용어를 사용한다. 이 용어는 본문의 통일성 및 고정성 같은 바람직하지 않은 인상을 피하게 해주고, 필요에 따라 다른 용어들을 보다 구체적인 의미로 사용하게 해 준다. (즉, 비정경인 유대 그리스어 문헌들을 다룰 때 그렇다. 여기에는 흔히 '칠십인역'과 한데 묶이는 것들, 또는 흔히 '칠십인역'으로 불리는 것과는 다른 그리스어 구약의 다양한 개정본이 포함된다.)

　다음 세 장은 이런 그리스어 번역들이 누구로부터, 어디에서 왔는지에 대한 중요한 질문으로 시작하여, 이 장에서 다룬 개념들을 상세히 살핀다.

2장

그리스어 구약은 누구로부터, 어디에서 왔는가?

성서 번역은 매번 이를 촉발하는 특정 상황이 있는데, 그리스어 구약도 예외는 아니다. 히브리 성서가 그리스어로 번역된 맥락과 기원을 이해하기 위해, 다음 세 단계를 진행할 것이다.

1. 헬레니즘 시대의 이집트: 고대 유대인들에 의해 제작된 그리스어 구약을 번역의 측면에서 이해하려면, 어느 지역과 시대를 살피는 것이 가장 적절할까?
2. 그리스어 오경의 (가능성 있는) 기원: 애초에 이런 작업을 시작한 원인은 무엇이었을까?
3. 그리스어로 된 오경 외 다른 구약 책들의 제작: 그리스어 유대 문헌 전서에서 다른 책들의 번역 역사에 관해 우리는 무엇을 알고 있는가?

이런 질문들을 다루다 보면, 그리스도 시대 이전 유대 역사에서 그리스어 구약의 제작으로 이어진 여러 중요한 국면들에 대해 알게 된다. 많은 세부 사항은 여전히 논쟁이 되고 있다. 그러나 전반적인 개관에 대해서는 학자들의 의견이 일치한다. 그리스어 번역 자체를 다루는 3장으로 넘어가기 전에 이를 이해해야 한다.

헬레니즘 시대의 이집트

대다수 성서 독자들은 바빌론 유배(BC 586년)와 예루살렘 성전 파괴(AD 70년) 사이 시대가 몹시 격동적이었다는 것을 안다. 구약 마지막 책들과 신약 최초의 책들이 구성되는 동안 세 개의 주요 제국이 지중해 세계의 거대한 영토를 연달아 통치했다.

여기서 페르시아 제국과 특별히 그리스 제국이 매우 흥미롭다. 6세기 초, 페르시아인들은 키루스 대제(고레스 왕[Cyrus the Great], BC 559-530년 재위)의 통솔 아래 거대한 제국을 세웠다. 이는 최초의 진정한 세계 제국이었고 2세기 이상 지속됐다. 그러나 곧, 마케도니아의 필리포스 2세(Philip II of Macedon, BC 359-336년 재위)와 그의 아들 알렉산드로스(Alexander)의 탁월한 정치적, 군사적 능력으로 인해 페르시아 제국은 멸망했다. 333년 11월, 알렉산드로스는 이소스(Issus)에서 다리우스 3세(다리오 왕 Darius III)를 상대로 결정적인 승리를 거둔 후, 수그러들 줄 모르는 군사력으로 끝없는 영토를 그의 통치 아래로 흡수했고, 광대한 그리스 제국을 세웠다.

이집트의 헬레니즘

알렉산드로스가 정복한 영토 중 한 곳인 이집트는 사실상 저항하지 않았다. 332년 알렉산드로스는 이집트의 전통 의례대로 파라오 즉위식을 거행하며 이집트 통치자 자리에 앉았고, 왕도인 멤피스와 헬리오폴리스에서 이집트 신들에게 제사를 지냈다. 이렇게 그리스와 이집트의 문화는 겹쳐지기 시작했고 이후 몇 세기 동안 이 지역의 특징으로 자리 잡았다. 이어 알렉산드로스는 그리스 전통 방식으로 운동 경기와 음악 경연을 벌였다. 331년 알렉산드로스가 세우고, 이후 프톨레마이오스 1세가 알렉산드리아로 명명한 이 도시는 수 세기 동안 이집트의 문화 및 경제의 중심지가 됐다.[1]

323년 알렉산드로스가 전투에서 숨질 때, 그의 군사력은 그의 장군들 손에 넘어갔다. '디아도코이'[*diadochoi*]라고 알려진 그의 후계자들은 알렉산드로스의 제국이 차지한 영토를 장악하기 위해 곧 전쟁을 벌였고 50년 이상 지속했다. 분쟁하는 동안 몇몇 새로운 왕국이 탄생했고 마케도니아는 안티고노스 왕조가, 시리아는 셀레우코스 왕조가 통치하면서 헬레니즘 시대를 맞이했다. 우리의 목적상 가장 중요한 곳인 이집트의 영토는 알렉산드로스가 가장 신뢰했던 장군인 프톨레마이오스 1세의 통치 아래로 재빠르게 들어갔다.

프톨레마이오스는 자신의 군대로 이집트 통치자 자리에 앉았고 이후

---

1   이 시대에 대한 더 상세한 정보는 다음을 참고하라. Ian Worthington, *Ptolemy I: King and Pharaoh of Egypt* (Oxford: Oxford University Press, 2016); Günther Hölbl, *A History of the Ptolemaic Empire* (New York: Routledge, 2001); Katelijn Vandorpe, "The Ptolemaic Period," *A Companion to Ancient Egypt*, ed. Alan B. Lloyd, BCAW (Malden, MA: Wiley-Blackwell, 2010); Graham Shipley, *The Greek World after Alexander: 323-30 BC* (London: Routledge, 2000).

304년 그는 '왕'(그리스어로 '바실레우스'[*basileus*])이라는 칭호를 받았다. 새로 형성된 프톨레마이오스 왕국은 항상 안정적이지는 않았지만, 이전 이집트 왕조를 뛰어넘을 만한 크기와 국력을 갖췄고 270년 이상 지속됐다. 수도 알렉산드리아는 지중해 지역에서 가장 큰 영향력을 미치는 국제 무역 중심지이자 중요한 문화 및 종교 중심지가 됐다. 프톨레마이오스 왕정은 사회적, 경제적 기회를 제공했고, 자연스레 지중해 세계 전역의 사람들을 끌어들이면서, 확장됐고 번성했다.

프톨레마이오스 시대의 이집트는 그리스 통치자들이 다양한 수준에서 전통과 혁신의 균형을 이루었기 때문에 크게 번성했다. 한편, 왕국은 고대의 세련된 이집트 문명을 이어가도록 의도적으로 계획됐다. 이런 전통은 당시 헬레니즘 통치 아래 살던 대다수 이집트 원주민에게 매우 중요한 문제였다. 프톨레마이오스 왕정은 이 주민들(과 다른 지역 주민들)의 좋은 민심을 유지하기 위해 더 사적인 문제에는 개입하지 않는 선에서 지배했다. 예를 들어, 국가는 지역 관례, 종교 관행, 사적인 법률문제에 영향력을 최소로 행사했고, 심지어 이런 분야에 일정 수준의 재정을 투입하기도 했다. 그러나 다른 한편, 왕국은 공공 생활 영역에서 의도적으로 헬레니즘적이었다. 그리스인(Greeks)들은 프톨레마이오스 왕조 통치 기간에 경제적 특권, 정치권력에 대한 접근성, 사회 문화적 신용 등을 통해 공공연하게 더 많은 혜택을 누렸다.

그 결과, 그리스인과 비(非)그리스인의 구분은 프톨레마이오스 시대의 이집트인들 일상에 널리 퍼졌다. 그러나 시간이 지날수록, '그리스인'이라는 것은 엄격하게 민족적이기 보다 사회적이고 문화적인 정체성에 가까워졌다. 이집트로 이주한 그리스계가 사회 서열의 최상위층이었던 것은 사실이다. 그러나, 예를 들어, 사생활이나 공적 생활에서 가장 중요하다고 여겨지는 그리스식 생활 방식(예, 그리스인과의 결혼 또는 병역 수행)을 채택함으로써 트라키아인이나 유대인도 어떤 의미에서 그리스인이 **되는** 것이 가능했다. 이런 사회적 역학 관계가 일상생활에서 어떻게 작용했는지는 여전히 논쟁 중이다. 그러나 궁극적으로, 대체로 자신의 신들을 숭배하고 자신의 문화 관습을 지킨 이집트 원주민들은 가장 그리스인답지 않게 보였고, 그렇기 때문에 이들이 가장 낮은 사회적 지위를 지닌 편이었다.

헬레니즘 이집트에서 더 높은 사회계층일수록 한 가지 주요 특징이 나타나는데, 그리스 언어 사용 인구가 늘어났다는 점이다. 문화와 언어의 변화는 종종 함께 진행되지만, 둘 다 빠르게 발생하는 경우는 드물다. 초기 프톨레마이오스 지배는 대부분 이집트 원주민의 언어인 데모틱(Demotic, 고대 이집트의 설형문자를 간소화한 문자로 민중문자-역주)으로 이뤄졌다. 그러나 프톨레마이오스 2세 시기쯤, 그리스어는 기능적으로 이집트의 공통어였다. 이런 움직임은 강압적인 지배 때문이 아니었다. 그러나 데모틱 사용은 기대되거나 장려되지 않은 반면, 그리스어 사용은 장려됐다.[2]

따라서 헬레니즘 이집트의 인구는 전반적으로 여러 언어를 사용하긴 했으나, 헬레니즘화 세계에서 소외되기 싫거나 새로운 경제적 기회에 편승하고 싶은 사람은 재빠르게 그리스어를 배웠다. 이런 사람들 중 한 집단이 헬레니즘 이집트의 유대 공동체였다.

---

2   Plutarch, *Anton.* 27.4.

헬레니즘 이집트의 유대인

구약에 따르면, 이집트에서 유대 민족의 역사는 아브라함, 이삭, 요셉 때까지 거슬러 올라간다(창 12상; 37상).[3] 후대 그들의 역사 대부분은 주요 제국의 흥망성쇠에 따른 인구 이동으로 이어진다. BC 722년, 북이스라엘 왕국은 아시리아인들에게 함락됐고, 백성들은 쫓겨났다(왕하 17장). 남유다 왕국 역시 BC 586년 비슷한 운명을 맞아 바빌로니아인들에게 함락됐고, 사람들은 쫓겨나 흩어졌으며(왕하 25장), 일부는 이집트에 정착했다(렘 40-43장). 결국 바빌로니아 제국도 멸망하여 대규모로 이주했다. 이들은 유대로 돌아가기도 했고(스 1장) 당시 알려진 세계의 구석까지 이르기도 했다. 많은 증거에서 드러나듯이, 수 세기에 걸친 이런 디아스포라('흩어짐') 이동 가운데 많은 유대인이 이집트에 정착했다.[4]

이집트에 유대인이 있었다는 성서 바깥의 증거 중 가장 이른 시기의 증거는 BC 6세기로 거슬러 올라가며, 나일강 섬에 위치한 엘레판티네라는 군사 전초기지이자 검문소에서 발굴됐다.[5] 그러나 유대인의 이집트 거주는 헬레니즘 시대에 두드러지게 증가했다. 프톨레마이오스 1세는 BC 4세기 후반에 유대를 상대로 승리를 거둔 후 수천 명의 유대인

---

3   헬레니즘 이집트의 유대인에 대한 더 상세한 정보는 다음을 참고하라. Erich S. Gruen, *Diaspora: Jews amidst Greeks and Romans* (Cambridge, MA: Harvard University Press, 2002); Gruen, "Jews and Greeks," *A Companion to the Hellenistic World*, ed. Andrew Erskine, BCAW (Malden, MA: Blackwell, 2006), 264-79; Joseph Mélèze Modrzejewski, "How to Be a Jew in Hellenistic Egypt?," *Diasporas in Antiquity*, ed. Shaye J. D. Cohen and Ernest S. Frerichs, BJS 288 (Atlanta: Scholars Press, 1993), 65-91.

4   E.g., 1 Macc. 15:22-23; Josephus, *Ant.* 14.114-15; Philo, *Leg.* 281-83.

5   엘레판티네의 많은 종교적 특징을 고려할 때, 이 공동체를 유대인으로 간주할 것인지, 그리고 어떻게 그렇게 할 것인지에 대해서는 오랫동안 논쟁의 주제였다. 다음을 참고하라. Joseph Mélèze Modrzejewski, *The Jews of Egypt: From Rameses II to Emperor Hadrian*, trans. Robert Cornman(Princeton, NJ: Princeton University Press, 1995), 21-98.

전쟁 포로를 이집트로 끌고 온 것으로 알려져 있다.[6] 다른 이들은 경제적 기회를 얻거나 2세기 내내 벌어진 헬레니즘 왕국들 사이의 충돌을 피하고 싶어 자발적으로 이주했다.[7]

그들이 그곳에 이른 방식은 다양했으나, 엄청난 수의 유대인들은 프톨레마이오스의 이집트에서 자생했다. 요세푸스는, 알렉산드리아의 유대인 인구 규모가 어느 시점에서는 예루살렘에 이어 두 번째로 크다고 기록했다.[8]

헬레니즘 이집트의 유대인들은 맞닥뜨려야 할 사회적, 경제적, 문화적 장벽이 사실상 없었기 때문에 크게 번성했다. 종교 및 법과 관련해 특정 내부 조직을 자유로이 결성할 수 있었으므로, 유대인들은 그들을 둘러싼 다른 집단과 다양한 방식으로 구별됐다. 그러나 이렇게 구별됨으로써 아직은 헬레니즘 문화와 일종의 공생이 가능했고, 유대인들 가운데 긴장을 일으키지 않은 듯했다. 사실, 헬레니즘 문화 전반의 관점에서, 유대인들은 이집트에서 그리스어를 사용하는 다른 이민자들과 마찬가지로 그리스식 '헬라인들(고대 그리스인들, Hellenes)'로 여겨졌다.[9] 이미 언급했듯, 이 지위는 다른 방법으로는 얻을 수 없는 사회적 신분 상승과 시민권을 보장했다.[10]

---

6 Let. Aris. 12-13.

7 1 Macc. 9:70-72; Josephus, *Ag. Ap.* 1.186-89; *Ant.* 13.337.

8 Josephus, *Ant.* 12.7-9.

9 다음을 참고하라. Mélèze Modrzejewski, *Jews of Egypt*, 80-83.

10 실질적으로 소작농으로 간주된(또 치부된) 이집트 태생의 원주민들에게 특히 그랬다. 그러나 헬라인이 특정 세금을 면제받았던 알렉산드리아의 그리스계 시민과 같은 완전한 특권을 누렸던 것은 아니다.

헬라인으로서 유대인들은 농업, 상업, 왕국 행정, 군대에서 다양한 역할을 맡았고, 군대에서는 모든 특권을 지닌 장교 위치까지 오를 수 있었다.[11] 유대인들은 수도 알렉산드리아뿐만 아니라 지방에서도 이런 역할을 수행했다. 또한 수많은 자료가 이집트 전역에 기도하는 집(그리스어로 '프로세우카이'[proseuchai])이 존재했음을 증명한다. 일부는 하나님과 프톨레마이오스 군주정 둘 다를 기리기 위해 봉헌됐고, 후자를 위한 곳은 공식 승인은 물론 때로 후원도 받았다. BC 2세기 알렉산드리아 남동부에 위치했던 한 기도하는 집은 다음과 같이 봉헌됐다(원래 그리스어이다).

프톨레마이오스 왕과 클레오파트라 왕비를 대신하여, 치안 최고 담당자인 에피키데스의 아들 프톨레마이오스와 아트리비스의 유대인들이 지극히 높으신 하나님께 이 기도의 집을 [봉헌했다.][12]

전통 종교와 동시대 문화의 측면을 모두 고려한 이런 기관들은 유대인들이 어떻게 헬레니즘 문화와 구별되면서도 동시에 공생할 수 있었는지를 보여 준다.

이런 방식으로 헬레니즘 사회에 참여했다는 것은 유대인들이 그리스어를 유창하게 사용했으며, 나아가 이를 읽고 쓸 수 있었다는 것을 의미한다. 프톨레마이오스 시대 이집트에서 헬라인으로 여겨진다는 것은

---

11 Josephus, *Ag. Ap.* 1.200-204; *Ant.* 14.99, 131-32; 18.159; 20.147; Philo, *Legat.* 129; *Flacc.* 56-57; cf. 3 Macc. 3:10.

12 *Corpus Inscriptionum Judaicarum* 2.1443. 다음을 개정한 번역. no. 27, William Horbury and David Noy, eds., *Jewish Inscriptions of Graeco-Roman Egypt: With an Index of the Jewish Inscriptions of Egypt and Cyrenaica* (Cambridge: Cambridge University Press, 1992), p. 45.

40 | 칠십인역 입문

이 이상을 의미하지, 결코 이 이하는 아니다. 그러니 그리스어로 글을 쓴다는 것은 유대인들이 사회적으로 고립되지 않았으며 프톨레마이오스 사회에서 '이중 언어를 사용하는 중간 계층'의 일부였음을 보여 주는 가장 큰 증거이다.[13] 헬레니즘 유대인의 일상 업무가 담긴 광대한 고대 문서들, 이를테면 영수증, 유언, 개인 편지 등은 그리스어 작문과 문체의 숙련도가 상당했음을 드러낸다. 그리스어로 된 수많은 유대 문학 작품 역시 언어가 상당히 세련되었음을 보여 준다. 이렇게 누적된 자료들은 헬레니즘 유대 공동체가 프톨레마이오스의 이집트에서 그들 고유의 훈련, 도구, 자원, 습관을 통해 그리스어로 성대한 기록 문화를 이루었음을 증명한다.[14]

그리스어 오경의 (가능성 있는) 기원

히브리 성서가 그리스어로 번역된 이유의 가능성을 간추리려면, 우선 헬레니즘 유대교의 사회적 맥락을 이해해야 한다. 학자들은 대체로 BC 2-3세기 무렵, 오경이 먼저 번역됐다는 데 동의한다.[15] 유대인의 일상과 관습에서 토라의 중요성을 고려할 때, 당연히 가장 우선이었을 것이다.

---

13 Marja Vierros, *Bilingual Notaries in Hellenistic Egypt: A Study of Greek as a Second Language* (Brussels: Koninklijke Vlaamse Academie van België voor Wetenschappen en Kunsten, 2012), 225-29.

14 Worthington, *Ptolemy I*, 103, 136, 189; Gruen, *Diaspora*, 68-69.

15 학자들은 이런 견해의 근거를 시락서의 머리말, BC 2세기 사본 증거의 발견, 외부 언어학적 증거와 같은 문학적 증거에 둔다. 다음을 참고하라. Emanuel Tov, *Textual Criticism of the Hebrew Bible*, 3rd ed. (Minneapolis:Fortress, 2012), 114; John A. L. Lee, *A Lexical Study of the Septuagint Version of the Pentateuch*, SCS 14 (Chico, CA: Scholars Press, 1983).

정확히 어떤 이유로 번역이 촉발되었는지에 관한 일치된 의견은 없지만, 논의에서 몇 가지 중요한 윤곽을 그려서 몇몇 가능한 시나리오를 두드러지게 할 수는 있다.

아리스테아스가 알려 주는 것

그리스어 오경이 나온 이유에 대한 가장 잘 알려진 설명은 『아리스테아스의 편지』라고 불리는 고대 문서에서 발견할 수 있다. BC 2세기 중반의 것으로 추정되는 이 문서는, 한 세기 앞서 프톨레마이오스 왕실에서 발생했다고 알려진 사건의 목격담으로 구성돼 있다.

『아리스테아스의 편지』에 따르면, 모세의 '신성한 율법'(즉, 오경)은 프톨레마이오스 2세 필라델포스(Ptolemy II Philadelphus, BC 285-246년 재위)의 요청으로 번역됐으며, 왕의 사서인 팔레룸의 데메트리우스(Demetrius of Phalerum)는 이를 알렉산드리아에 있는 왕의 유명한 소장품 목록에 넣고 싶어 했다.[16] 아리스테아스 자신이 예루살렘의 대제사장을 설득해 유대 전쟁 포로를 석방하는 대가로 번역을 해달라고 주선했다. 72명의 번역가들은 예루살렘 성전에서 파견돼 프톨레마이오스의 궁궐에 도착했다. 이 부분에 대한 이야기는 다음과 같다.

> 그들이 함께 가져온 선물들과 유대[즉, 히브리] 문자가 금으로 새겨진 값비싼 양피지들—훌륭하게 준비된 양피지를 이음매가 보이지 않을 정도로 연결했기 때문이다—을 가지고 들어갔을 때, 왕은 그들을 보자마자 책에 관해 묻기 시작했다. 그리고…그는 말했다. '당신들에게 감사드립니다, 벗

---

16   Let. Aris. 3.

들이여. 당신들을 보내신 그분께 더 감사드립니다. 그리고 무엇보다 하나님께, 이것들이 그분의 신탁이라는 데 감사드립니다.'[17]

번역가들을 위한 환영회가 7일간 열렸고 그들은 72일 만에 주어진 과업을 마쳤다. 번역은 완료되었고, 프톨레마이오스 2세의 찬사를 받았으며, 향후 개정이 엄격히 금지된 채 왕립 도서관에 보관됐다(비교. 신 4:2).[18]

학자들은 이제 『아리스테아스의 편지』를 전부까지는 아니어도 대부분 허구라고 여긴다. 그 신빙성에 대한 의심은 히에로니무스(Jerome)의 글을 연구할 때 나타났지만 17세기에 이르러 커졌고 역사적 오류와 현저히 낮은 개연성에 비추어 비로소 증폭되기 시작했다. 예를 들어, 팔레룸의 데메트리우스는 알렉산드리아의 사서가 아니었을 수 있다. 아리스테아스(프톨레마이오스 궁중의 비유대인)도 『아리스테아스의 편지』에 나열된 유대 관습이 익숙하지 않았을 것이다.

그러나 일부 허구일지라도, 『아리스테아스의 편지』는 이집트 유대 공동체의(적어도 공동체 내부의) 몇몇 근본 관심사를 두드러지게 하기에 배

---

17 Let. Aris. 176-178 (cf. Josephus, *Ant.* 12.87-90), modified translation from R. H. Charles, ed., *The Apocrypha and Pseudepigrapha of the Old Testament in English*, 2 vols. (Oxford: Clarendon, 1913).

18 다음을 참고하라. Jennifer M. Dines, *The Septuagint*, UBW (London: T&T Clark, 2004), 27-39; James Carleton Paget, "The Origins of the Septuagint," *The Jewish-Greek Tradition in Antiquity and the Byzantine Empire*, ed. James K. Aitken and James Carleton Paget (Cambridge: Cambridge University Press, 2014), 106-11; Benjamin G. Wright, "The Letter of Aristeas and the Question of Septuagint Origins Redux," *JAJ* 2, no. 3 (2011): 304-26. 다른 고대 문헌들도 『아리스테아스의 편지』에서 파생되었거나 비슷한 이야기를 담고 있다. 대부분 다음에서 두드러지게 보인다. Philo, *Mos.* 2.25-44; Josephus, *Ant.* 12.11-118; *Ag. Ap.* 2.45-47; 다음에 기인한 발췌록도 있다. Aristobulus, Demetrius the Chronographer, Ezekiel the Tragedian, and Artapanus in Eusebius, *Praep. ev.* 8-9, and Clement of Alexandria, *Strom.* 1.22.141, 150; 1.23.154, 155.

울 것이 있다. 예를 들어, 『아리스테아스의 편지』는 프톨레마이오스 2세 왕을 예루살렘 제사장들을 공경하고 모세 율법의 지혜에 공감하는 사람으로 그린다. 이런 묘사는 이집트의 유대인들에게 예루살렘 제사장들과 프톨레마이오스 왕 양쪽 모두에 대한 충성을 장려하려는 바람, 또는 교육받은 유대인들이 헬레니즘 세계에 참여하는 것을 정당화하려는 바람, 또는 다른 헬라인들이 유대 문화 및 유산을 인식한 방식을 관리하려는 바람을 시사한다. 또한, 『아리스테아스의 편지』는 시내산에 머문 장로 70명의 이야기(출 24장)를 번역가 72명의 작업 묘사로 반영하여 성전 문서와 명백하게 연결 지음으로써 신적으로 승인된 성경 번역이라는 신뢰성을 그리스어 오경에 부여한다.

무엇보다, 『아리스테아스의 편지』에 따르면 그리스어 오경은 BC 2세기 후반 이집트에서 제작됐으며, (적어도 일부) 헬레니즘 유대인들에게는 최고 수준의 번역으로 여겨져 권위 면에서 그리스어 오경을 히브리 성서와 동등하게 여겼던 것을 확실히 알 수 있다.

고려해야 할 외부 동기

『아리스테아스의 편지』의 역사성은 부정확하고 그 동기도 명확히 알 수 없으나, 여전히 몇몇 학자들은 줄거리의 구성 요소가 그리스어 오경의 기원을 밝히는 데 도움이 된다고 생각한다. 이런 관점은 유대 공동체 외부에서 동기를 부여받았고 그 결과가 번역이었다는 생각, 특별히 왕실에서 공적으로 지원했거나 요청했다는 (그래서 아마도 알렉산드리아의 도서관에 보관할 목적이었을 것이라는) 생각을 뒷받침한다.[19] 분명, 완전히 허구라면 (특히 정말 유대인 주도의 번역이었다면) 왜 프톨레마이오스 시대 유대교 안에 헬레니즘 왕실의 후원이 생긴 것인지 설명하기 어렵다. 실제, 『아리스테아스의 편지』의 내러티브 중 일부는 지금껏 알려진 프톨레마이오스 시대 이집트 역사, 헬레니즘 문화 세계와 그 안에서의 유대인의 위치에 대한 정보와 들어맞는다.

중요한 외부 요인 중 하나는 헬레니즘 알렉산드리아의 특징인 활기찬 학문 분위기였다.[20] BC 305년 프톨레마이오스 1세의 재위를 시작으로, 군주정은 알렉산드리아의 유명한 도서관과 박물관 건립을 포함한 문화 정책 계획을 발전시키는 데 주요 자원을 쏟아부었다. 프톨레마이오스의 비전은 자신이 받은 교육에 기인했으며 측근들과도 공유된 듯하다. 예를 들어, 프톨레마이오스의 절친한 친구이자 전임 왕인 알렉산드로스 대제(Alexander the Great)와 아리스토텔레스의 절친한 관계는 잘 알려져 있다. 실제로 그리스 역사가 스트라본(Strabo)에 따르면,

아리스토텔레스는 자기 소유 도서관을 [떠돌이 철학자] 테오프라스토스에게 물려줬고, 자신의 학교도 그에게 맡겼다. 그리고 그는 내가 알기로, 장

19 다음이 그 대표들이다. Dominique Barthélemy, "Pourquoi la Torah a-t-elle été traduite en Grec?," *On Language, Culture, and Religion: In Honour of Eugene A. Nida*, ed. Matthew Black and William A. Smalley (Paris: Mouton, 1974), 32-41; Gilles Dorival, Marguerite Harl, and Olivier Munnich, *La Bible Greque des Septante: Du judaïsme hellénistique au christianisme ancien* (Paris: Cerf, 1988), 72-78; Arie van der Kooij, "Perspectives on the Study of the Septuagint: Who Are the Translators?," *Perspectives in the Study of the Old Testament and Judaism*, ed. Florentino García Martínez and Ed Noort, VTSup 73 (Leiden: Brill, 1998), 214-29; Natalio Fernández Marcos, "The Greek Pentateuch and the Scholarly Milieu of Alexandria," *SEC* 2 (2009): 81-89.

20 다음을 참고하라. Fausto Montana, "Hellenistic Scholarship," *Brill's Companion to Ancient Greek Scholarship*, ed. Franco Montanari, Stephanos Matthaios, and Antonios Rengakos (Leiden: Brill, 2015), 60-183.

서들을 수집하고 [헬레니즘] 이집트 왕들에게 도서관 정리법을 가르친 최초의 사람이다.[21]

프톨레마이오스는 알렉산드리아를 학문의 도시로 키우기 위해 그리스 지식인들의 이주를 설득하려 애썼다. 그렇게 한 사람들 중에는 바로 『아리스테아스의 편지』에도 등장하고 프톨레마이오스의 문화 정책 형성을 적극적으로 도운 것으로 알려진 테오프라스토스의 제자, 팔레룸의 데메트리우스가 있었다. 이런 지적인 분위기에서 그리스어 오경 같은 번역 작업은 자연스럽게 진행됐을 것이다.

외부 동기를 고려하게 하는 또 다른 중요 요인은 프톨레마이오스 왕정의 법률 체계에 대한 접근 방식이다.[22] 군주정은 새로운 법령을 선언할 때 여러 언어로 발표함으로써 모든 민족이 그 선언을 이해하고 접근할 수 있도록 노력을 기울였다. 또한 비그리스계 집단의 기존 법률 문서도 그리스어로 번역되곤 했다.[23] 그렇다면, 『아리스테아스의 편지』의 주장처럼, 유대의 법률 전승을 번역해 달라는 군주정의 요구(또는 지원)는 제법 일관돼 보인다.[24]

---

21   Strabo, *Geogr.* 13.608, trans. Horace Leonard Jones, LCL 223 (Cambridge, MA: Harvard University Press, 1969), 110-11.

22   다음을 참고하라. Siegfried Kreuzer, "The Origins and Transmission of the Septuagint," *Introduction to the LXX*, ed. Siegfried Kreuzer, trans. David A. Brenner and Peter Altmann (Waco, TX: Baylor University Press, 2019), 14-16.

23   예, AD 2세기 중반 파피루스인 P.Oxy. 46.3285(TM 63672)는 초기 프톨레마이오스 시대에 완성된 것으로 추정되는 이집트 데모틱 법률 규례를 보존하고 있다.

24   그러나, 동시에, 그리스어 오경이 이집트 유대인 같은 사회 참여적 헬라 공동체에게 입법 규범을 실제 어떻게 구현하게 했을지 명확하지 않다.

고려해야 할 내부 동기

그리스어 오경 제작에 외부 요인들이 영향을 미쳤다는 정황 증거들이 있지만, 학자들은 유대 공동체 내부의 동기가 더 중요하다고 생각한다. 그러나 내외부의 경계선이 항상 명확하지 않다는 점도 지적할 만하다. 제안된 이론 전부를 다루지 않더라도, 최근 제시된 몇 가지 의견을 종합하여 그리스어 오경의 가능한 기원을 더 상세히 살펴볼 수 있다.[25]

이집트의 헬레니즘 유대교가 일찍이 그리스어를 모국어와 다름없이 채택해 사용한 것이 아마도 가장 분명한 내부 요인으로, 틀림없이 오경을 번역하도록 동기를 부여했을 것이다. 이런 변화는 종교 생활에 특정한 도전을 야기했을 것이다. 유대 공동체는 그리스어를 사용하는 세계에 참여하면서, 그들의 성경을 기록한 언어인 히브리어에 대한 감각을 점차 잃게 됐다.[26] 공적이든 사적이든, 유대교 예배는 대개 성경 낭독과 연결되기에, 성경을 그리스어로 번역하는 과정은 당연한 일이었을 것이다.[27]

---

25 다음을 참고하라. Natalio Fernández Marcos, *The Septuagint in Context: Introduction to the Greek Version of the Bible*, trans. Wilfred G. E. Watson, 2nd ed. (Leiden: Brill, 2000), 53-66; Carleton Paget, "Origins," 111-19. 종합은 다음을 참고하라. James K. Aitken, "The Origins and Social Context of the Septuagint," *T&T Clark Handbook of Septuagint Research*, ed. William A. Ross and W. Edward Glenny (London: Bloomsbury T&T Clark, 2021), 9-20; John A. L. Lee, *The Greek of the Pentateuch: Grinfield Lectures on the Septuagint 2011-2012* (Oxford: Oxford University Press, 2018), 특히, 173-209; Anneli Aejmelaeus, "The Septuagint and Oral Translation," *XIV Congress of the International Organization for Septuagint and Cognate Studies, Helsinki, 2010*, ed. Melvin K. H. Peters, SCS 59 (Atlanta: SBL, 2013), 5-13.

26 심지어 수 세대에 걸쳐 유대인들이 아람어를 쓴 예루살렘과 그 주변 지역에서도 그리스어가 크게 침투 중이었다.

27 다음을 참고하라. 예, 출 13:14-15; 신 4:9; 6:6-9; 31:10-13; 비교. 느 8:7-8; Philo, *Somn.* 2.127. 전례 기원의 이론은 다음에서 본래 제안됐다. Henry St. John Thackeray, *The Septuagint and Jewish Worship: A Study in Origins* (London: Oxford University Preess, 1921).

만일 전례를 위해 이집트 유대교 내부에서 그리스어 오경의 제작을 추진했다면, 이 문서화 과제보다 구두 번역이 선행됐을 것으로 보인다. 헬레니즘 시대에는 구두 번역이 그리스어로 이뤄졌으나, 페르시아가 통치했던 이전 시대에는 아람어로 이뤄졌다. 여러 학자들은 이런 구두 번역이 처음에는 조율이나 기록하려는 노력 없이 즉흥적으로 이루어졌을 수 있다고 제안한다. 그러나 시간이 흐르면서 특정 번역 관습들이 발전돼 관례로 굳어졌으며, 특히 공적 예배 장소 안에서 그런 듯하다.

번역의 문서화 작업보다 구두 전승이 선행됐을 것이라는 이론을 가장 크게 뒷받침하는 증거들은 그리스어 오경 자체에서 찾을 수 있다. 번역된 다섯 책은 특정 히브리어 단어들을 번역하기 위해 특정 그리스어 단어를 일관되게 사용한 경우를 빈번하게 보여 준다. 주요 신학 개념은 더욱 그렇다. 예를 들어, '언약'('베리트'[*berith*])의 히브리어 용어는 거의 항상 그리스어 '디아데케'[*diatheēkē*]로, '의로움'(히브리어로 '체다카'[*tsedakah*])은 그리스어 '디카이오쉬네'[*dikaiosynē*], '법'(히브리어로 '토라'[*torah*])은 그리스어 '노모스'[*nomos*]로 번역됐다. 이와 더불어, 비신학적 단어들과 문법적 특징들도 거의 매번 일관되게 번역됐는데, 아마도 히브리어 본문에 자주 등장하기 때문일 것이다.

또한 그리스어 오경에서는 아람어가 사용된 방식을 엿볼 수 있는데, 아람어가 그리스어 형태로 남아 있다. 좋은 예가 '유월절'에 해당하는 단어이다. '유월절'을 가리키는 히브리어 단어는 '하파사흐'[*happasakh*] (정관사가 앞에 붙었다), 아람어는 '파스카'[*paskha*](정관사가 끝에 붙었다)이다. 흥미롭게도, 오경 번역가들은 작업 중 히브리어 단어 '하파사흐'[*happasakh*]가 나올 때마다 아람어 단어 '파스카'[*paskha*]로 적었는데 그리스 문자(πάσχα, pascha)를 사용하여 기록했다.[28] 그리스어 오경이 제작될 무렵 유대 공동체 안에서 '유월절'을 가리키는 아람어 단어의 그리스식 표기는 익숙하게 사용됐으므로, 히브리어의 적절한 번역으로 여긴 듯하다. 번역 자체의 이런 특징들은 이집트 유대 공동체가 번역을 문서화하기 전부터 긴 시간에 걸쳐 일반적으로 받아들여진 몇 가지 번역 관습을 발전시켰다는 좋은 증거이다.

최근 학계는 번역가와 그들의 맥락을 고려해서 기원의 문제를 조명하기도 한다. 히브리 성서의 그리스어 번역은 특이하거나 선례가 없던 일이라는 게 공통된 주장이지만, 완전히 맞는 말도 아니다. 물론, 그리스어 오경은 성경을 처음 문서화한 번역이었다. 그러나 이집트 유대인들은 여러 언어가 통용되는 세계에서 살았다. 그러므로 번역 업무 자체가 드문 일은 아니었으며, 이런 현실이 반영된 엄청난 양의 고대 문서 증거들이 있다. 따라서 그리스어 오경은 이러한 일반적 번역 활동이라는 보다 넓은 맥락 안에서 이해하는 게 더 정확할 것이다. 사실, 그리스어 오경과 프톨레마이오스 왕정의 공식 문서들 사이의 번역 전략에는 유사점이 매우 많다. 이런 점에서 그리스어 오경의 번역가들은 전문적으로 훈련받았을 수 있다(또는 전문적으로 훈련 받은 이들과 상의했을 수 있다).[29]

이런 관찰들은 유대 번역가들이 그리스어 오경의 번역을 시작했을 때 이 업무는 주요 선례가 있는, 의도적이고 일관된 그룹 프로젝트였음

---

28 그리스어를 배우는 학생들은 '토 파스카'(τὸ πάσχα)에 대해 아람어 기원 및 그리스어 구약과의 연관성을 알지 못한 채, '유월절'을 가리키는 어휘로 인식할 수도 있다.

29 다음을 참고하라. James K. Aitken, "The Septuagint and Egyptian Translation Methods," *XV Congress of the International Organization for Septuagint and Cognate Studies, Munich, 2013*, ed. Wolfgang Kraus, Michaël N. van der Meer, and Martin Meiser (Atlanta: SBL, 2016), 269-93.

을 강조해 보여 준다. 번역가들이 미처 예측하지 못했거나 어떻게 다뤄
야 할지 모를 본문의 문제들을 마주했을 때 단어별, 절별로 따라가면서
즉흥적으로 해결했을 리 **없다**. 그들은 분명 도전을 맞닥뜨렸다. 그러나
그들은 유대 공동체의 기존 관습과 헬레니즘 이집트라는 더 넓은 사회
맥락 안의 전형적인 전략들을 통해 정보를 얻어 작업했다.

간추린 말

한 발자국 물러서서 보면, 초기 헬레니즘 유대교 자체의 외부든 내부든,
분별 가능한 단 하나의 요인에 따라 그리스어 오경 번역이 추진됐으리
란 가능성이 얼마나 현저히 낮은지 알 수 있다. 유대 공동체 안팎에서
서로 연결된 여러 필요와 기회 및 기대가 이 과제를 촉진했다.

한편으로, 프톨레마이오스 군주정과 유대 공동체의 관계를 염두에
둘 때, 간접적이었더라도 번역 초기에 외부의 지원이 일부 있었다는 생
각을 배제해서는 안 된다. 아마도 『아리스테아스의 편지』에서 제시하듯
거창한 지원은 아니었을 것이다. 그러나 과제가 완료되기까지 소요된
시간과 물리적 자원에는 상당한 재정적 부담이 수반됐을 것이다. 왕실
은 유대 종교 생활 전반에 대한 후원을 번역을 문서화하는 조직과 그들
의 과제에 일괄적으로 배정했을 수도 있다.

다른 한편, 이 프로젝트를 지원하기 위해 유대인 공동체 사이에서 재
정적 조정뿐만 아니라, 번역가들은 그들이 종교 지도부의 일원이 아니
었다면 종교 지도자들과 협력해야 했을 것이다. 적어도, 작업의 토대였
던 히브리어 두루마리들을 보기 위해서라도 그들은 협력해야 했다. 이
런 두루마리들은 모음 점(點)이 없는 히브리어(whch mns tht th wrds hd

n vwls jst lk ths[=이와 같이 모음이 없는 단어를 의미한다])로 되어 있었기 때문에,[30] 번역가들이 작업에서 어려움을 느끼면 공식적인 감독이나 지침을 받았을 수도 있다.

그리스어로 된 유대교의 다른 책들

그리스어 구약의 나머지 부분은 어떻게 생겨났을까? 아쉽게도 살필 만한 증거가 그리스어 오경보다 더 적다. 구약의 다른 책들에 대해서는 『아리스테아스의 편지』 같은 고대 이야기가 없다. 번역 시기를 결정해줄 몇몇 기준을 가져올 수 있으나, 결정적이지는 않다.

첫째, 위치 면에서, 그리스어 구약의 다른 책들도 오경처럼 이집트에서 제작됐는지 불확실하다. 일반적으로, 학자들은 유대인이 성경을 번역한 기본 장소를 이집트라고 생각하지만, 대다수는 그중 적어도 일부는 팔레스타인인 것을 인정한다. 팔레스타인에서 얼마나 많이 번역되었는지는 논쟁이 되고 있지만 말이다.[31]

둘째, 시기 면에서, 대다수 학자들은 질 도리발(Gilles Dorival)이 처음 제시했던 주장, 즉 히브리 성서의 나머지 책들(과 외경)은 BC 3세기 중반과 AD 1세기 또는 2세기 사이에 번역됐거나 작성됐다는 기본 결론을 계속 따른다.[32] 그러나 정확한 시기와 순서에 대한 학술적 제안들은

---

30 히브리어 모음들은 자음 **주변에** 표기하지만, 중세 전에는 본문에 모음을 기록하지 않았다. 영문은 모음이 없더라도 이해하기 쉬우나 때로는 모호해지기도 한다.

31 다음을 참고하라. Emanuel Tov, "Some Reflections on the Hebrew Texts from Which the Septuagint Was Translated," *JNSL* 19 (1993): 107-22.

32 Gilles Dorival, "L'achèvement de la Septante dans le judaïsme: De la faveur au re-

매우 다양하다. 도리발은 오경 번역 후 바로 (구체적인 순서 없이) 시편, 이사야, 예레미야, 에스겔, 소예언서, 여호수아, 사사기, 역대기, 왕국 이야기(즉, 사무엘상-열왕기하)가 뒤따랐다고 제안한다. 그중 일부 혹은 전부는 아마도 BC 2세기 초에 동시에 번역됐거나 기록됐을 것이다. 그런 다음 BC 1세기에 다니엘, 욥기, 잠언, 에스더가 뒤따랐을 테고, 시대가 바뀔 때까지 룻기, 예레미야 애가, 아가서, 전도서, 에스라-느헤미야 같은 책들은 남아있었을 것이다.[33]

일부 학자들은 수년에 걸쳐 도리발의 조사에 세부적으로 문제를 제기하고 이를 수정하면서, 정경 책들의 번역 기간을 상당히 단축했다. 그러나 BC 2세기 책들(예, 마카베오 1-2서[상하], 시락서, 바룩, 토빗, 유딧)과 다음 이어지는 두 세기에 걸친 책들(예, 마카베오 3-4서, 에스더 추가본, 솔로몬의 시편)을 포함해 다른 비정경 유대 그리스어 문헌들이 같은 시기에 나타나기 시작했다는 점을 염두에 둘 때, 이는 유대 문헌의 우선순위에 관한 비현실적이거나 시대착오적인 가정 때문일 수 있다.[34]

끝맺으며

중요한 핵심은 헬레니즘과 초기 로마 시대, 이집트와 팔레스타인 모두

jet," Dorival, Harl, and Munnich, *La Bible Greque des Septante*, 111.

33   다음을 참고하라. Dines, *Septuagint*, 45-47.

34   다음을 참고하라. James K. Aitken, "The Septuagint and Jewish Translation Traditions," *Septuagint, Targum and Beyond: Comparing Aramaic and Greek Versions from Jewish Antiquity*, ed. David James Shepherd, Jan Joosten, and Michaël N. van der Meer, JSJSup 193 (Leiden: Brill, 2019), 208-10.

에서 유대 공동체는 구약 책들을 그리스어로 번역했고, 이런 활동을 통해 다른 그리스어 작품들(번역 및 원저술)과 더불어 그리스어 문학 전통을 활기차게 육성했다는 사실이다. 또한, 4장에서 다루듯, 히브리 성서의 초기 책들은 번역되자마자 수정되거나 맨 처음부터 다시 번역되었다. 이런 유대 그리스어 문학 활동에서 그리스어 구약의 번역은 그리스어 문헌 전반이라는 더 넓은 환경과 분리된 채 온전히 이해될 수 없다.

그리스어 구약의 기원과 관련된 많은 문제가 여전히 해결되지 않았다. 동기, 번역가의 정체성, 시기, 위치의 문제는 여전히 불확실한 부분이 있다. 그 결과, 학자들은 이런 주제들을 분명히 하고 번역의 문체와 특성을 이해하기 위해 그리스어 자체에 대한 더 면밀한 분석에 점점 의존하게 됐다. 다음 장에서는 이런 쟁점들을 집중적으로 다루고자 한다.

3장

그리스어 구약은
어떻게 번역되었나?

이 제목이 던지는 질문은 간단해 보인다. 그러나 이는 칠십인역 연구 전체에서 가장 답변하기 어려운 문제 중 하나로 판명됐다. 그 이유는 그리스어 구약의 번역 전체를 단번에 설명할 좋은 방법이 없기 때문이기도 하다. 이는 색연필과 향기 나는 사인펜이 섞인 상자를 열어 눈에 보이는 색을 (마치 한 색만 있는 것처럼) 설명하려는 것과 같다.

하지만, 그리스어 구약 전체에서 몇 가지 공통된 특징을 확인할 수는 있다. 일반적인 차원에서, 너무 일반적이라 별 도움이 안 될 수 있지만, 구약의 그리스어 번역 중 대부분은 원문의 어순을 준수하며 관습적인 그리스어(conventional), 고전 시대 이후(postclassical, '코이네'[Koine]) 그리스어로 그 의미를 명확히 전달한다는 것이다.[1] 하지만 이 설명에 대한

---

[1]   **'고전 시대 이후'**라는 용어가 더 전통적인 **'코이네'**보다 선호된다. 이는 성서학계에서 '그리스어' 구어체의 하위 종류로 묘사되곤 하는데, 이는 잘못됐다. 다음을 참고하라. William A. Ross, "Some Problems with Talking about 'Septuagint Greek,'" *JSJ* (forthcoming).

단서나 예외를 비롯하여 더 이야기할 것들이 있다.

그리스어 구약의 번역 방식을 이해하기 위해 다음 세 단계로 진행할 예정이다.

1. 언어와 번역의 엉킨 실타래 풀기: 번역에서 발생하는 결정 가운데 언어 자체의 문제들을 왜 그리고 어떻게 구분해야 할까?
2. 오경 번역하기: 번역으로서 그리스어 오경의 핵심 특성은 무엇이며, 이는 어떤 종류의 언어적 특징을 낳았는가?
3. 다른 유대교 책들을 그리스어로 만들기: 이후 번역, 제작된 그리스어 구약의 다른 책들은 그리스어 오경과 어떻게 달랐으며 왜 달랐을까?

이 단계별 질문들을 통해, 번역을 단일한 방식으로 가늠해 볼 수 없다는 점을 확인하면서, 그리스어 구약의 언어가 지닌 다양성과 정교함을 자세히 살펴보기로 하자.[2]

언어와 번역의 엉킨 실타래 풀기

당신의 손에 있는 영어 구약성경이 4세기에 걸쳐 다양한 사람에 의해, 다양한 장소에서, 다양한 청중을 위해, 다양한 목적으로 각 책 별로 번역됐다고 상상해 보자.[3] 그러면 번역에 접근하는 방식에 대한 단면 **및**

---

2 구약 각 책의 번역에 대한 논의는 다음을 참고하라. James K. Aitken, ed., *T&T Clark Companion to the Septuagint* (London: T&T Clark, 2015); Siegfried Kreuzer, ed., *Introduction to the LXX*, trans. David A. Brenner and Peter Altmann (Waco, TX: Baylor University Press, 2019).

다양한 언어를 씨줄과 날줄로 엮어 만든 직물 그림이 보일 것이다. 각 번역은 원문을 어떻게 이해할지, 영어로 어떻게 전달할지, 예상 독자가 무엇을 원할지를 가정한 상태에서 이루어졌을 것이다.

그리스어 구약의 모습도 이렇다. 그러나 칠십인역 학계에서 번역 연구는 가끔 언어 자체의 문제와 결부되어 왔다. 번역은 분명히 언어와 관련 있지만, 이 둘은 구분될 수 있고 구분돼야 한다. **번역**은 한 언어를 다른 언어로 변환하는 방식을 결정하는 과정과 관련된다. **언어**는 다른 사람이 이해하고 적절하게 인식할 수 있도록 전달하는 방식을 결정하는 과정과 관련된다. 이 점에 대해 표 3.1에서 신약의 예를 살펴보자.

표 3.1 요한복음 1:12의 번역

KJV	그러나 그분을 받아들인 이들에게는 모두, 하나님의 아들이 되는 권능을 그분이 주셨으니. 곧 그분의 이름을 믿는 그들에게네니라.
ESV	그러나 그분을 받아들인, 곧 그분의 이름을 믿는 모든 이에게, 그분이 하나님의 자녀가 되는 자격을 주셨다.
TCEB	어떤 이들은 그분을 그들의 삶에서 맞아들였고 그분을 믿었다. 그분은 그 사람들에게 하나님의 자녀가 되는 자격을 주셨다.

각 번역의 결과는 다르다. KJV는 다소 이상하게 들릴 정도로 상당히 고풍적인 느낌이다. 이에 비해, ESV는 격식은 덜 하지만 어순과 어휘 선택에 있어 여전히 딱딱하게 들린다. 다른 두 번역과 비교할 때, TCE-B(The Casual English Bible)는 대화하는 듯 들리며 이해하기 가장 쉬울 수 있다.

3   여기에 '질적으로 각기 다른 원문을 가지고'라고 덧붙일 수 있다. (5장 참고)

이중 '최적' 또는 '가장 정확한' 번역을 고르려면, 다음 세 가지를 파악하는 것이 중요하다.

- 어떤 번역도 그리스어 저변에 있는 의미와 문법을 완벽하게 재현하고 있지 **않다.**
- 어떤 번역도 독자를 위한 해석적 결정을 피하지 **않는다.**
- 각 번역은 비슷한 듯 다른 방식으로 말하며 선호하는 문체와 격식 수준도 다르지만, **모두** 영어로 효과적으로 전달한다.

첫 번째와 두 번째 요점은 모든 번역에 적용되는 사항으로, 두 언어가 정확히 같은 방식으로 작동하지 않기 때문에 번역에는 항상 불일치가 어느 정도 수반된다. 그러나 세 번째 요점은 **언어가 번역**과 구별되기 때문에 해당되는 사항이다.

달리 말해, 같은 대상을 말하는 방식은 여러 가지가 있고, 여러 잠재적인 동기로 그중 하나를 선택한다. 번역 과정에서 이런 선택과 동기는 원문 자체 이외의 요인이 작용한 것이다. 이러한 요인으로는 맞춤법과 구두점에 대한 선호도, 언어 관습상 명료한 어법, 교육 수준, 그리고 문체, 명확성, 격식에 대한 사회적 기대가 포함된다. 이러한 것들은 본질적으로 언어적인 요소이기에 **모든** 번역 접근 방식과 관련이 있다.

안타깝게도, 칠십인역 학자들이 언어와 번역을 항상 구별하지는 않는다. 이런 경향은 한 세기 전, 헨리 세인트 존 새커리(Henry St. John Thackeray)가 그리스어 구약 전서를 '좋은' 그리스어, '그저 그런' 그리스어, '문자 그대로인 우둔한 경우'라는 세 종류의 딱지를 붙여 분류한 이래 시작됐다.[4] 이런 딱지들은 **번역** 접근법이 '문자 그대로'일수록 덜 '지적인' **언어** 결과물이 나온다는 함의를 갖고 있으므로 문제가 있다. 이런 추론은 원문에 가깝게 어순을 지키면 번역의 결과가 언어 관습과 다르거나 세련되지 않다고 가정하나, 이는 사실이 아니다.[5] 우월하거나 열등한 그리스어를 판단할 충분한 증거(또는 정당한 근거)가 있는 듯 가정하지만, 이 역시 사실이 아니다. 더 살펴겠지만, 이런 가정은 그리스어 구약 번역의 본질과 이를 낳은 고대 유대인들의 관습에 대해 잘못된 결론으로 이끌 우려가 있다.[6]

오경 번역하기

2장에서 다루었듯, 성서에서 그리스어로 처음 번역된 부분은 아마도 오경일 것이다. 결론적으로, 이는 후대 번역 활동의 본이 됐으며, 따라서

---

4   Henry St. J. Thackeray, *A Grammar of the Old Testament in Greek according to the Septuagint* (Cambridge: Cambridge University Press, 1909), 1:12-16.

5   그럼에도 칠십인역 학계에서 이런 논리는 꽤 영향력 있다. 더 최근에 나온 예로서, Raija Sollamo는 언급하길, 그리스어 오경의 일부 번역가들은 '가능한 **문자 그대로** 하려고 애썼다; 다른 이들은 관용적 언어와 **좋은** 그리스어 문체를 선호한다.' "The Study of Translation Technique," *Die Sprache der Septuaginta / The Language of the Septuagint*, ed. Eberhard Bons and Jan Joosten, LXX.H 3 (Gütersloh: Gütersloher Verlagshaus, 2016), 165; 강조가 덧붙었다.

6   이 쟁점에 대한 더 상세한 논의는 다음을 참고하라. James K. Aitken, "The Language of the Septuagint and Jewish-Greek Identity," *The Jewish-Greek Tradition in Antiquity and the Byzantine Empire*, ed. James K. Aitken and James Carleton Padget (Cambridge: Cambridge University Press, 2014), 120-34; Aitken, "Outlook," *The Reception of Septuagint Words in Jewish-Hellenistic and Christian Literature*, ed. Eberhard Bons, Ralph Brucker, and Jan Joosten, WUNT, 2nd ser., vol. 367 (Tübingen: Mohr Siebeck, 2014), 184-94; Ross, "Some Problems."

이 장의 주된 관심도 여기에 있다.

우리는 언어 관습에 따른 세 가지 범주를 통해 그리스어 오경의 주요 번역 특징을 평가할 수 있다.[7]

언어적 관점에서 볼 때, 관습적 표현은 해당 언어의 다른 사용자가 이해할 수 있고 듣기에도 적절해야 한다.[8] 각 범주를 다루면서, 우리는 번역의 과제와 언어의 쟁점을 구별하되 긴밀한 대화는 지속하도록 신경 써야 한다.

히브리어 문구를 관습적인 그리스어(Conventional Greek)에서 찾아 연결하기

일반적으로 오경의 번역가들은 관습적인 그리스어를 사용해 히브리어 본문을 문자 그대로 번역했다. 출애굽기 14:1에서 각 히브리어 단어가 그리스어와 어순 그대로 연결된 예를 확인할 수 있다.

히브리어:	'바예다베르' [waydabber]	'야웨' [yhwh]	'엘모쉐' [ʾelmoshe]	'레모르' [leʾmor]
그리스어:	'카이 엘라레센' [kai elalēsen]	'키리오스' [kyrios]	'프로스 무센' [pros Mōusēn]	'레곤' [legōn]
영어:	그런 다음 이르셨다 (then spoke)	주님께서 (the Lord)	모세에게 (to Moses)	말씀하여 (saying)

---

7   이 범주는 다음을 기반으로 한다. John A. L. Lee, "Back to the Question of Greek Idiom," *The Legacy of Soisalon-Soininen: Towards a Syntax of Septuagint Greek*, ed. Tuukka Kauhanen and Hanna Vanonen (Göttingen: Vandenhoeck & Ruprecht, 2020), 13-25. 아래의 예는 제한적이며 설명을 위한 것이다. 번역은 우리의 것이다.

8   다음을 참고하라. Joan Bybee, *Language, Usage and Cognition* (Cambridge: Cambridge University Press, 2010), 14-56, 특히. 34-37.

이 짧은 구절이 보여 주는 번역 접근법이 가장 일반적인 번역 방식이다. 이는 그리스어 오경의 지배적 특징이었으며, 의도적이었다. 이는 다음과 같은 몇몇 공통된 특징을 낳았다.

병렬 구문

히브리어 내러티브는 '그리고' 또는 '그런 다음'의 의미인 단순 접속사(히브리어로 '바브'[waw])로 구를 연결하면서 진행되는 경향이 있으며, 이를 병렬 구문이라고 부른다. 예를 들어, 창세기 1:3-5에서, '그리고 하나님이 이르셨다…그리고 빛이 있었다. 그리고 하나님이 보셨다…그리고 하나님이 나누셨다…그리고 하나님이 부르셨다…그리고 저녁이 됐다…' 등이다. 히브리어 내러티브에서 이는 매우 흔한 진행 방식이며 번역가들은 히브리어 단어마다 상응하는 그리스어로 표현하고자 했으므로, 같은 유형의 접속사(그리스어로 '카이'[kai])가 반복적으로 등장하는 병렬 구문 역시 그리스어 오경의 흔한 특징이다.

회생 대명사(Resumptive Pronoun)

히브리어에서, '네 발에서 네 신을 벗어라. 네가 서 있는 장소 **이것은** 거룩한 땅이기 때문이다'(출 3:5) 같은 문장은 그리 드문 경우가 아니다. 여기서 '이것'은 회생 대명사라고 불리며 영어 관점에서는 불필요해 보이기 때문에, 대부분의 영어 번역은 이를 빼 버린다. 그러나 번역가들은 대개 히브리어 본문을 문자 그대로 옮겼기 때문에, 그리스어 오경 역시 다른 그리스어 문헌에서는 자주 보이지 않는 회생 대명사를 많이 포함하고 있다.

간접 화법 표기

성서 히브리어에는 우리 생각과 달리 구두점이 없다. 간접 화법을 도입하기 위해, 기록자는 구두점과 비슷한 목적을 수행하는 독특한 동사형을 사용해야 했다. 예를 들면 다음과 같다. '모든 이집트인이 요셉에게 가서, **말하길**(히브리어로 '레모르'[le'mor]), '우리에게 먹을 것을 주십시오!'"(창 47:15). 다시 말하지만, 번역가는 보통 이 히브리어 단어를 '말하길'(그리스어로 '레곤'[legōn]) 또는 '대답하길'(그리스어로 '아포크리테이스'[apokritheis])처럼 이에 상응하는 그리스어 동사형과 짝지었다.

히브리어의 의미와 어순의 특징은 관습적인 그리스어를 사용하여 전달할 수 있었기 때문에 그리스어 오경의 대부분은 이런 식으로 구성되어 있다. 그러나 여기서 논의된 특징들은 그리스어보다 히브리어에서 **훨씬 더 일반적이기 때문에** 역시 주목할 만하다. 번역가들은 매우 일관된 방식으로 작업했기 때문에, 이 특징들은 아마도 그들의 일상 대화에서보다 그리스어 오경에서 더 현저한 빈도로 나타났을 것이다. 이 빈도의 차이는 그리스어 번역을 이해하는 데 혼란을 일으키지 않으면서도, 원문의 문체를 향상시켜 그들의 작업에 특색을 입혔을 것이다.

관습적인 그리스어를 사용하면서 히브리어 문구에서는 이탈하기

그리스어 오경에서 다음으로 흔한 특징은 번역이 어떤 면에서는 히브리어 본문에서 벗어나지만 여전히 관습적인 그리스어를 사용한다는 것이다.[9] 이런 이탈에는 세 가지 주된 이유가 있다.[10]

히브리어와 그리스어는 언어로서 다르게 작동한다. 때로는 말하기 관습으로 인해, 두 언어를 서로 단어 대 단어로 일치시키는 것이 불가능하다. 이런 불일치는 언어의 기본 수준에서 발생하는 경우가 많다. 이는 의미에 거의 영향을 끼치지 않는다. 그리고 (불가능하지 않으나) 피하기 어렵기 때문에, 비의도적인 것으로 간주해야 한다. 다음과 같은 두 가지 예가 있다.

글자와 소리의 차이. 히브리어와 그리스어는 발음할 때 사용되는 소리도 다르고 이를 기록할 때 표기하는 방식도 다르다. 번역가들은 인명이나 지명 같은 고유명사를 파악한 후 이를 그리스어로 옮겨 기록할 때, 때로 타협해야 했다. 예를 들어, 히브리어에는 '스'[s] 소리의 조금씩 다른 발음들을 모두 나타내는 여러 문자들이 있지만(שׁשׂסצ), 그리스어에는 한 문자만 있다(σ). 그래서 창세기 번역가는 소리가 다른 이름 **셈**(שׁ '쉬'[sh])과 **사래**(שׂ '시'[s]) 둘 다를 글로 옮기면서 그리스어 문자 하나만 써야 했다.

문법 특징들의 차이. 히브리어는 그리스어에 없는 문법 특징이 많다(반대로도 그렇다). 예를 들어, 히브리어에는 명사의 단수형과 복수형, 쌍에

---

9   여기서 논의를 위해, 우리는 그리스어 번역가들이 보고 있던 히브리어 본문이 영어(현대어) 성경의 기반으로 사용된 마소라 본문과 일치한다고 가정한다. 그리스어 번역이 마소라 본문과 일치하지 않는 부분은, 번역가의 히브리어 본문 자체가 마소라 본문과 달랐으며 번역가가 단순히 그 자체를 따라 번역했기 때문일 가능성이 항상 존재한다. 다음을 참고하라. Karen H. Jobes and Moisés Silva, *Invitation to the Septuagint*, 2nd ed. (Grand Rapids, MI: Baker Academic, 2015), 164-71.

10 세 가지 중 하나 이상이 번역 결정에 동기를 부여했을 것이다. 이 특징에 대한 넓은 논의는 다음을 참고하라. A. L. Lee, *The Greek of the Pentateuch: Grinfield Lectures on the Septuagint 2011-2012* (Oxford: Oxford University Press, 2018).

대한 이중형이 따로 있다. 그래서 번역가들은 히브리어 이중형을 나타내기 위해 그리스어 복수형을 세분화하지 않고 사용했다. 또한 그리스어와 달리, 히브리어에는 명사에 붙을 수 있는 ('x를 향하여' 같은 의미를 갖는) 방향 접미사도 있어서, 번역가들은 그 의미를 전달하기 위해 그들의 히브리어 원문에 없는 그리스어 전치사를 덧붙였다.

더 많은 예를 들 수 있다.[11] 각 번역이 히브리어 본문에서 벗어난 이유는 아무리 사소해 보이더라도, 관습적인 그리스 언어를 사용하려는 욕구에서 비롯됐다.

언어적 선택

같은 대상을 말하는 방식은 여러 가지이기 때문에, 말하는 사람은 다양한 가능성 가운데 선택할 것이고, 그중 일부는 똑같이 적절하고 관습적으로 보일 것이다. 하나의 말하기 방식을 선택하고 다른 방식을 선택하지 않는 데는 크게 두 가지 요인이 영향을 미친다. 첫째, 언어가 사용되는 상황에서 빚어진 문화적 기대가 선택에 영향을 끼치는데, 이런 요인은 **언어사용역**(使用域, register, 언어가 사용되는 상황, 즉 계층, 연령, 지역, 문체 등에 따른 언어변형-역주)이라고 알려져 있다. 예를 들어, 우리가 자녀들에게 말하거나 친구에게 문자 메시지를 보낼 때의 언어 기대는 자연스럽고 가벼우나, 직장에서 상사에게 말하거나 학회 논문을 쓸 때는 보다 정중하고 표준화된다. 둘째, 개인의 미적 선호도가 선택에 영향을 끼치

---

11   다음을 참고하라. Takamitsu Muraoka, "Limitations of Greek in Representing Hebrew," Bons and Joosten, *Die Sprache der Septuaginta/Language of the Septuagint*, 129-38.

며, 이를 **문체**라고 한다.[12]

언어 선택과 관련된 이 두 가지 요인으로 인해 오경 번역가들은 히브리어 문구에서 이탈했지만, 의미가 크게 바뀐 경우는 거의 없었다. 대개 번역가들은 이렇게 이탈하면서도 대신 그들의 예상 독자층에게 적절하리라고 여긴 방식을 취해 의미를 전달했다. 여기 두 종류의 언어적 선택이 있다.

어휘 변화. 그리스어 오경의 번역가들은 특정 히브리어 단어를 볼 때마다 같은 그리스어 단어를 사용하곤 했다. 그러나 때로 그들은 같은 히브리어 단어라도 다른 문맥에 있으면 다른 그리스어 단어를 선택했다. 이러한 번역 접근법은 완벽하게 일관적이지 않으므로, 이를 번역의 '불일치'로 분류하는 사람이 있을 수 있다. 그러나 이렇게 하는 것은 언어사용역과 문체에서 야기되는 어휘 변화를 간과하는 것이다. 언어사용역의 예로, '명령하다'('차바'[tsavah])에 해당하는 히브리어 동사는 그리스어 동사 '엔텔로마이'[entellōmai]와 '쉰타쏘'[syntassō]로 번역되곤 했으나, 당시 꽤 흔하게 사용됐던 동사 '켈류오'[keleuō]로는 번역된 적이 없다. 이 세 동사는 모두 매우 비슷한 의미를 전달한다. 왜 하나를 또 다른 것 대신 선택할까? 정답은 언어사용역이다. 오경에서는 대개 하나님, 모세 또는 파라오 같은 권위자가 다른 이들에게 명령한다. 따라서 번역가들은 높은 사회적 지위 및 존경에 부합하는 그리스어 동사들을 선택했다.[13]

---

12 다음을 참고하라. Douglas Biber and Susan Conrad, *Register, Genre and Style*, CTL (Cambridge: Cambridge University Press, 2009), 1-26.

13 다음도 참고하라. John A. L. Lee, "Ἐξαποστέλλω," *Voces Biblicae: Septuagint Greek and Its Significance for the New Testament*, ed. Jan Joosten and Peter J. Tomson, CBET 49 (Leuven: Peeters, 2007), 99-113. Lee는 어떻게 그리스어 오경에서 사용역과 연결된 문제들이 신학 저자들에게 영향을 미쳤는지 다룬다.

문체의 예로, '전에' 또는 '앞에'('리프네이'[*liphney*], '브에이네이'[*beeyney*], '르에이네이'[*leeyney*])를 의미하는 몇몇 히브리어 전치사가 있다. 이를 그리스어로 바꾸기 위해 사용된 전치사에서 번역가마다 다양한 선호도를 보인다. 창세기와 출애굽기에서는 그리스어 단어 '에난티온'[*enantion*]이, 나머지 세 책에서는 '에난티'[*enanti*]가 발견되는데, 두 단어는 의미상 가깝다. 왜 하나를 또 다른 것 대신 선택할까? 정답은 문체, 또는 아마도 개인적인 취향이다.[14]

그리스어 관용구: 히브리어 문구를 유지할 다른 대안이 존재했는데도 불구하고, 번역가들은 자주 히브리어 문구에서 이탈한 그리스어 고유의 표현을 사용하기로 선택했다. 예를 들어, '그래서'('데'[*de*]) 또는 '(왜냐하면)…니까'('가르'[*gar*])는 한 절에서 항상 두 번째 구문에 위치(후치)한다. 그래서 어순을 보존할 다른 (후치할 필요 없는) 대안(그리스어 '카이'[*kai*], '호티'[*hoti*])이 존재했음에도, 번역에서 이 단어들을 사용함으로써 히브리어 어순을 이탈해야 했다.[15]

명확성

히브리어 본문을 이탈하면서까지 관습적인 그리스어를 사용한 세 번째 이유는 독자에게 최대한 명확하게 전달하기 위해서였다. 이런 상황에

---

14 다음을 참고하라. Lee, *Greek of the Pentateuch*, 43-46.
15 이런 접근의 근거는 다음과 같다. 비슷하게, '티스'([*tis*] '어떤 것')와 '안'([*an*] 우연성을 더하기 위해) 같은 특정 그리스어 단어들은 보다 교양 있는 소통에서 일반적이었으나 반드시 필수는 아니었고, 히브리어로 대체할 표현이 없었다. 이런 단어의 사용은 그리스어로 된 정규교육을 받았으며, 히브리어 원문으로 설득하려는 대신 이런 조건을 기꺼이 사용하려 했음을, 따라서 히브리어 문구를 이탈했음을 암시한다. 다음을 참고하라. Lee, *Greek of the Pentateuch*, 92-110, 128-39.

서 **명확성**이란 번역가들 자신의 의견이 명확하다는 것을 의미하며, 독자를 위해 해석하는 것이기도 하다. 이는 다양한 방식으로 발생했다.[16]

대명사 치환. 누구에게 무슨 일이 벌어지는지 모호함을 줄이기 위해 번역가는 히브리어 본문의 대명사를 고유명사로 대체하곤 했다. 예를 들어, 창세기 37:35은 요셉 때문에 우는 야곱을 언급하며 끝난다. 다음 절은 '그 미디안 사람들은 **그를**(히브리어로 '오토'[*oto*]) 이집트에 팔았다'(창 37:36)라고 말한다. 그러나 그리스어 번역가는 이를 '그 미디안 사람들은 **요셉을** 이집트에 팔았다'라고 바꿨다. 누가 팔려간 것인지 혼동되지 않도록 히브리어로 대명사인 '그'를 그리스어에서는 이름인 '요셉'으로 대체한 것이다.

동시대화. 오경 번역가들은 독자들이 친숙한 일상용어로 성서 본문을 이해할 수 있도록 당시 사회·문화에 따른 언어를 사용했다. 예를 들어, 다가올 기근을 대비할 때, 요셉이 파라오에게 일반 '감독관들'이 아니라 그리스어로 '토파르카스'([*torparchas*] 창 41:34)를 임명하라고 조언한 것을 볼 수 있다. '토파르케스'[*toparchēs*]는 프톨레마이오스의 이집트에서 농업 및 경제를 담당한 관료였고, 번역가가 그의 동시대 사회 환경 안에서 내러티브 맥락에 적합한 단어를 선택한 것이다. 이와 비슷하게 창세기 21:33에서 아브라함이 히브리어 원문의 '에셀 나무'를 심는 것이 아니라, 이집트에서 특정 크기의 작은 땅을 가리키는 그리스어 용어, 즉 '아루라'[*aroura*]를 경작하는 것을 볼 수 있다. 그리스어 오경에는 아기 모세가 발견됐던 물에 뜨는 왕골 바구니(그리스어로 '티비스'[*thibis*]) 같은

---

16   5장에서, 우리는 번역가들이 신학적 신념 때문에 종종 그들의 원문을 이탈했던 방식을 다룬다.

이집트 외래어도 있다(출 2:3).[17] 히브리어를 이탈한 이런 문구들은 엄밀하게 필요했다기 보다는 문화를 반영한 구체적인 선택들로, 이집트 독자층을 위해 본문을 명확히 할 의도였을 것이다.

담화 표지판. 많은 접속어는 이해력을 높이는 방식으로, 사고의 흐름을 덩어리로 구조화하는 것을 돕는 담화 표지판 역할을 한다. 이런 명확성에 대한 욕구 때문에 히브리어 어순을 이탈하는 '데'([de] '그리고') 같은 후치 접속어가 히브리어 어순을 보존하는 '카이'([kai] '그리고') 같은 또 다른 대안 대신 선택돼 사용된 것이다. 따라서 번역가들은 그들의 히브리어 본문에 담긴 사고의 전개를 매우 깊이 이해했고 이를 잘 전달하기 위해 그리스어 관습을 따르기로 결정했다. 그 결정으로 인해 때로는 히브리어 어순을 이탈했음에도 말이다.[18]

요컨대, 종종 오경 번역가들이 기존의 그리스어 관습을 사용하면서 단어 대 단어 번역에서 벗어난 데는 몇 가지 이유(또는 선택)가 있었다.

히브리어 문구를 관습에서 벗어난 그리스어(Unconventional Greek)와 짝짓기

그리스어 오경의 마지막이자 가장 드물게 나타나는 특징은 때로 그리스어 사용자가 듣기에는 관습에서 벗어난 방식으로 히브리어 문구를 번역했다는 것이다.[19] 이 범주는 대다수 칠십인역 학자의 흥미를 돋우므

---

17 James K. Aitken, *No Stone Unturned: Greek Inscriptions and Septuagint Vocabulary*, CrSHB 5 (Winona Lake, IN: Eisenbrauns, 2014), 13-15.

18 다음을 참고하라. Christopher J. Fresch, "The Septuagint and Discourse Grammar," *T&T Clark Handbook of Septuagint Research*, ed. William A. Ross and W. Edward Glenny (London: Bloomsbury T&T Clark, 2021), 79-92.

19 우리가 아는바 '관습'이라고 여겨질 만한 것들은 전체 그리스어에서 아주 일부이며, 지금껏 남겨진 모든 기록 문서를 철저히 분석해야 다룰 수 있다. 처음에는 비관습적인 언어 특징

로 큰 관심을 받는다. 그러나, 사실, 이런 관습은 예외이며 규칙이 아니다. 이는 다음 두 요인에 의해 발생한다.

히브리어 구문론 모사하기

이미 다루었듯, 그리스어로 히브리어 어순을 따르면서도 보통은 완전히 관습적인 그리스어를 사용할 수 있었지만, 다음의 예처럼 항상 그렇지만은 않았다.

배분사(配分詞). 히브리어에서 배분의 개념은 한 줄에 한 단어를 두 번 반복함으로써 표현된다. 예를 들어, '한 남자 한 남자'는 '각 남자'(히브리어로 '이쉬 이쉬'[*ish ish*], 출 36:4)를 의미하고, '조금 조금'은 '조금씩'(히브리어로 므아트 므아트'[*me'at me'at*], 출 23:30)을 의미한다. 번역가들이 이 구절들의 각 단어를 그리스어로 다시 썼을 때 그 결과는 관습에서 벗어났고, 아마도 대다수 그리스어 사용자들을 약간 당황하게 했을 것이다.

히브리어 비사(比辭). 비밀을 지켜주길 부탁한다는 뜻으로 "고양이를 가방에서 꺼내지 마세요."(Don't let the cat out of the bag)라는 영어 속담이 있다. 그러나 이런 관용어 **문구**를 다른 언어로 번역할 때 그 **의미**는 보존되지 않는데, 의미에 문화가 녹아 있기 때문이다. 이런 현상이 그리스어 오경에도 영향을 미쳤다. 제사장 활동을 다룬 본문에서 흔한 히브리어 관용어 하나는 "손을 가득 채우다"로, 실질적으로 '안수하다'라는 의미이다. 그러나 번역가들은 이 히브리어 관용구를 문자 그대로 그리스

이라도 언어 공동체에서 채택되면 관습이 될 수 있음을 인정하는 것 역시 중요하다. 6장에서 다루듯, 그리스어 구약의 몇몇 새로운(따라서 처음에는 비관습적이었던) 언어적 특징들이 신약 저자들의 언어와 어쩌면 더 넓은 사용법에 영향을 끼칠 만큼 유행했다.

어로 바꿨고(예, 출 32:29; 레 8:33), 결국 우리에게 그렇듯, 고대 독자들에게도 이상하게 들릴 만한 "손을 가득 채우다"라는 구절을 만들어 냈다.

어휘 일관성

앞서 언급했듯, 번역가들은 특정 히브리어 단어를 접할 때마다 동일한 그리스어 단어를 사용하는 경우가 많았다. 때로 이런 접근법은 그리스어 단어들을 지금까지와 다른 역할을 하도록 위치시켰는데, 이는 (적어도 처음에는) 비관습적으로 들렸을 것이다. 예를 들어, '바다'('얌'[*yam*])를 가리키는 히브리어 단어는 이스라엘에서 지중해를 바라보는 방향인 '서쪽'을 일컬을 수도 있다. 번역가들은 그들의 작업 중에 '얌'[*yam*]을 볼 때마다 그 히브리어가 명백히 '서쪽'을 가리키더라도(예, 창 12:8) 대개 이를 '바다'('탈라사'[*thalassa*])에 해당하는 그리스어 단어로 바꾸었다. 이 그리스어 단어가 '서쪽'을 의미할 수도 있다는 증거가 없기 때문에, 번역의 결과가 비관습적으로 들렸으리라는 결론은 합리적이다. 특히 이집트에서는 지중해가 북쪽에 있기 때문이다.

간추린 말

학자들은 오경의 각 책을 서로 다른 사람이 번역했다는 데 일반적으로 동의한다. 그러나 최근 연구는 이런 작업이 공식적으로 시작되기 전에 구두 전승이 확립됐다는 것 외에도 번역가들이 여럿이서 협력했을 것이라고 제안한다. 대체로 번역가들은 신중하고 균형 잡힌 방식으로 번역을 시도했고, 예외가 없는 것은 아니었지만 히브리어 본문의 어순을 단어 대 단어 수준에서 기존 그리스어로 표현했다.

작업에 참여한 번역가들의 언어 수준과 취향은 다양했으며, 그들의 문체는 대개 직설적이고 수수했으나 격식, 창의성, 이따금 문학적 재능을 드러내기도 했다. 번역가들은 헬레니즘 중급 교육 수준의 그리스 언어 구사 능력을 보여 준다. 그러나 또한 그들은 그리스 언어를 새롭게 정형화한 방식으로 자유롭게 사용함으로써 그들의 작업에 독특한 소리를 제공했을 것이다. 요컨대, 그리스어 오경의 제작은 중대한 문학적 성취라고 할 수 있다.[20]

다른 유대교 책들을 그리스어로 만들기

유대교 내에서 모세오경이 종교문서로서 지닌 지속적인 중요성을 고려할 때, 그리스어 오경이 이후 수세기 동안 성경 번역의 기준이었다는 사실은 그리 놀라운 일이 아니다. 일부는 의도적으로 다르게 접근했지만 많은, 아마도 대부분의 후속 작업은 일정한 방식으로 이를 모방하려고 애썼다. 여기서는 그리스어 구약의 다른 책들과 관련한 세 가지 큰 전승을 다루고 어떻게 그리스어 오경과 비교할 수 있는지 간략히 살펴보기로 한다.

오경 전승

수많은 다른 유대 작품들이 그리스어 오경의 문체를 모방했다. 시편과

---

20   동시에 여러 언어가 존재했던 환경에서 전문가든 아니든 대다수 사람에게 번역은 일상적인 활동이었음을 기억해야 한다. 숙련된 번역가들이 모여 협력한 덕분에 그리스어 오경은 4개월 만에 완성될 수 있었다. 다음을 참고하라. Lee, *Greek of the Pentateuch*, 173-209.

소예언서 등의 성서 번역가들은 계속해서 이 전승의 주요 특징을 유지했다. (그러나 정확히 어떻게 전개되었는지는 논쟁 중이다.)[21] 일반적으로 그들의 방식은 그리스어 오경의 표준화된 어휘를 거의 그대로 사용하여 그리스어의 의미와 어순을 보존하려고 했다. 명백히 같은 뜻을 가진 어휘뿐만 아니라, 보다 전문적인 용어와 희귀한 단어들도 동원하여 그렇게 했다.[22]

또한, 많은 후대의 번역가들은 그리스어 오경이 히브리어 구문의 특정 측면을 다루는 방식을 모방하여 때로는 드물지만 그럼에도 불구하고 관습적인 그리스어를 사용하기도 했다.[23] 오경이 다른 성서 책들과 아이디어나 문구를 공유했다는 더 넓은 차원에서 보면, 후대의 번역가들이 그리스어 오경의 문구를 모방한 것은 그것을 외울 정도로 잘 알았고 높이 평가했기 때문일 것이다.[24]

물론, 이런 전승이 연속되는 중에도 약간의 변형, 혁신 및 독특한 문

---

21 예를 들어, 다음을 참고하라. James Barr, "Did the Greek Pentateuch Really Serve as a Dictionary for the Translation of the Later Books?," *Hamlet on a Hill: Semitic and Greek Studies Presented to T. Muraoka on the Occasion of His Sixty-Fifth Birthday*, ed. M. F. J. Baasten and W. Th. van Peursen, OLA 118 (Leuven: Peeters, 2003), 523–43.

22 Emanuel Tov, "The Impact of the Septuagint Translation of the Torah on the Translation of the Other Books," *The Greek and Hebrew Bible: Collected Essays on the Septuagint*, VTSup 72 (Leiden: Brill, 1999), 184–91.

23 다음을 참고하라. William A. Ross, "The Septuagint as a Catalyst for Language Change in the Koine: A Usage-Based Approach," *Die Septuaginta-Geschichte, Wirkung, Relevanz: 6. Internationale Fachtagung Veranstaltet von Septuaginta-Deutsch (LXX. D)*, ed. Martin Meiser, Michaela Geiger, Siegfried Kreuzer, and Marcus Sigismund, WUNT, 2nd ser., vol. 405 (Tübingen: Mohr Siebeck, 2018), 383–97; Aitken, "Language of the Septuagint," 127–28.

24 William A. Ross, "Style and Familiarity in Judges 19,7 (Old Greek): Establishing Dependence within the Septuagint," *Bib* 98, no. 1 (2017): 25–36; Myrto Theocharous, *Lexical Dependence and Intertextual Allusion in the Septuagint of the Twelve Prophets: Studies in Hosea, Amos and Micah*, LHBOTS 570 (London: T&T Clark, 2012).

체 선택은 있었다.[25] 그러나 BC 2세기 후반, 시락서의 번역가는 서문에서 '율법 자체와 예언서들, 그리고 나머지 책들'에서 취한 접근법을 모방했음을 암시했는데, 이는 그의 독자들이 그가 의미한 바를 알 것이라고 가정했기 때문이다. 오경의 전승은 매우 잘 받아들여져서 더 넓은 헬레니즘 세계 안에 일종의 문학적 전통의 기초를 형성했고, 심지어 히브리어를 번역하는 대신 그리스어로 직접 저술했던 유대교 작가들도 오경의 문체를 사용하곤 했다(예, 에스겔의 비극[Ezekiel the Tragedian], 솔로몬의 지혜서, 아마도 유딧).[26]

의역 전승

오경 전승이 그러했듯, 히브리어 원문을 문자 그대로 고수하는 전략이 모든 번역의 기본은 아니었다. BC 2세기 초반 유대 공동체에 나타난 또 다른 접근법을 보면, 번역가들은 각 단어를 순서대로 똑같이 표현하는 데 과히 큰 관심을 두지 않는다. 이러한 의역 전승을 눈에 띄게 보여 주는 책들이 잠언, 욥기, 역대기, 이사야이다.

이 전승에 따라 번역된 책들은 마소라 본문을 따른 책들과 확연히 다르다. 이러한 차이점에는 비표준인 어휘 선택, 어순 변화, 심지어 문장 전체(또는 그 이상) 추가, 생략, 재배치 등이 있다. 이런 경우, 번역가가 마소라 본문 같은 히브리어 본문으로 작업하되 자기 방식대로 한 것인지,

---

25 다음을 참고하라. Jennifer M. Dines, "Was the LXX Pentateuch a Style-Setter for LXX Minor Prophets?," *XIV Congress of the International Organization for Septuagint and Cognate Studies, Helsinki, 2010*, ed. Melvin K. H. Peters, SCS 59 (Atlanta: SBL, 2013), 397–411.

26 Aitken, "Language of the Septuagint," 134.

아니면 우리가 지금 아는 것과는 현저하게 다른 히브리어 본문으로 한 단어씩 옮겨 번역한 것인지 알 방도가 없다. 이러한 가능성은 학자들에게 수많은 도전을 제시해 여기서 더 나아가도록 한다(5장의 논의들을 참고하라). 이 번역 전승에 해당하는 책들의 세부 특징은 개별적으로 다루어야 한다는 정도에서 넘어가자.[27]

번역가가 그의 원문을 의식적으로 이탈해 번역했다고 확신할 수 있는 경우에도, 그 이유를 알기가 쉽지 않다. 언어적, 문화적, 심지어는 신학적인 고려 사항까지 얽혀 있어 쉽게 풀리지 않는 경우가 많다.[28] 물론 이러한 모든 고려 사항은 앞서 논의한 바와 같이 그리스어 오경과 그 전승에 있는 책들에도 특정한 방식으로 영향을 미쳤다. 또한, 의역한 책들조차도 번역 접근법과 문체에서 오경 전승과 극히 유사한 부분을 담고 있다. 그러므로 그리스어 오경(및 더불어 오경 전승)과 의역 전승의 차이는 종류보다는 정도의 차이가 있다.[29]

개정 전승

세 번째 전승은 의역 전승 이후 오래지 않아 등장했지만 다소 반대의 경향을 보였다. 의역 전승은 (오경 전승과 비교했을 때) 히브리어 본문의

---

27   이는 칠십인역 본문 비평의 고전적인 난제 중 하나이다. 번역가가 특정 조건에서 그의 원문을 이탈했는지 여부를 확인하려면, 그 번역가가 비슷한 상황에서 평소에 어떻게 하는지를 잘 알아야 한다. 그러나 번역가가 **보통** 무엇을 하는지 알려면, 먼저 그가 어떤 원문을 사용하는지 잘 파악해야 한다.

28   또한 고대 유대인의 관행을 묘사하는 데 사용하는 '문자적' 또는 '신앙적' 같은 설명적 용어에 대해서도 무엇이 '좋은' 혹은 '정확한' 번역인지에 대한 현대적인 관점을 강요하지 않는 것이 중요하다. 이는 불필요한 (또는 무의식적으로) 가치관이 개입될 수 있기 때문이다.

29   다음을 참고하라. Marieke Dhont, *Style and Context of Old Greek Job*, JSJSup 183 (Leiden: Brill, 2017).

문구를 그대로 옮기는 데 관심을 **적게** 기울인 반면, 개정 전승은 이에 훨씬 더 **많은** 관심을 기울였다. 이 전승은 BC 1세기에 기존 그리스어 번역들이 히브리어 본문을 보다 엄격히 따르기 위해 기존의 번역을 수정한, 이른바 카이게(Kaige) 운동에서 시작된 것으로 보이므로 개정 전승이라고 불려 왔다.[30] 사사기, 사무엘서-열왕기, 소예언서와 같은 많은 책들이 이 과정을 겪었다. 4장에서 다루듯, 후대의 유대 수정본들도 비슷한 동기에서 비롯된 것으로 보인다.

개정을 실행한 이들이 그들의 작업에서 어순 및 어휘의 일관성을 더 까다롭게 지켜 번역했음에도(번역 쟁점), 그리스어 관습 및 문체의 문제(언어 쟁점)를 완전히 내버리지 않았다는 사실을 이해하는 것이 중요하다. 그들은 단순히 독특한 접근 방식을 취했다. 궁극적으로 그리스어 오경의 번역 및 언어가 오경 전승에서 후대 유대교 기록자들을 위한 문체의 경향을 만들어 냈듯이, 개정 전승도 마찬가지였다. 전도서, 예레미야 애가, 아가서, 룻기 같은 일부 히브리 성서 책들은 이런 경향대로 개정된 것이 아니라, 처음부터 실제 이 경향대로 번역됐다.

끝맺으며

1장에서는 '칠십인역'을 한 팀의 번역위원회에 의해 완성된 통일된 실체로 여기는 것은 정확하지 않으며 심지어 오해를 불러일으킨다고 논

---

30 물론 개정 때 사용된 히브리어 본문은 원래 그리스어 번역에 사용된 본문과 정확히 일치하지 않을 수도 있다. 사실, 개정의 주요 동기는 약간 다른 히브리어 본문을 번역하거나 같은 히브리어 본문도 더 까다롭게 번역하기 위해서, 즉 문구를 (원시) 마소라 본문에 더 가깝게 하기 위해서였을 것이다.

했다. 이제 한 가지 중요한 이유를 알게 되었다. 실제 오경은 3세기 이집트에서 어느 정도 조율을 통해 번역되었을 것이다. 이집트의 디아스포라 유대인들이 사용하기 시작한 문체는 전형이 됐고 후대의 성경 번역 작업에 크게 영향을 미쳤기 때문에, 이 맥락의 역사적, 사회적, 언어적 측면을 이해하고자 앞 장에서 (그리고 이 장에서 일부) 다루었다. 그러나 우리는 또한 그리스어 오경이 제작된 직후, 유대의 성경 번역이 각기 다른 동기와 목표를 가진 세 가지 넓은 전승 안에서 다양한 접근법으로 다양화되었고, 이 세 가지 모두 몇 세기에 걸쳐 동시에 존재했다는 사실을 확인했다.

이러한 다양성을 인식한다면, 마치 그리스어 구약 전체에서 볼 수 있는 것이 단일체인 것처럼, '칠십인역 번역 기법' 또는 '칠십인역 그리스어'라고 일컫는 말이 왜 문제가 되는지 명확해진다. 여기서 다룬 번역 전승을 '역동적'이거나 '문자적'이라고 부르는 것도 정확하지 않다. 이런 단순한 명칭에 복잡한 특징들을 전부 요약해 담을 수 없기 때문이다. 이런 용어들은 번역 전체에서 단어 선택과 어순이 얼마나 일관성을 유지하는지에 대한 최소한의 정보만 제공할 뿐이다. 그러나 문체, 언어사용역처럼 모든 번역이 안고 있는 언어적 선택에 대해서는 어떤 내용도 전달하지 않는다.

그리스어 오경의 다양한 번역 방식과 시간에 따른 발전 과정, 그리고 초기 작업이 후대 작업에 어떻게 영향을 미쳤는지 살펴보기 시작했다. 물론, 이 모든 게 가능하려면 그리스어 구약의 기록된 본문이 물리적으로 필사된 후 배포돼야 했을 것이다. 다음 장에서 이 과정을 더 상세히 살펴보기로 한다.

4장

그리스어 구약은
어떻게 발전했나?

그리스어 구약 전서의 개별 부분이 다른 장소, 다른 시기에, 다채로운 언어적 특징들을 갖고, 다양한 접근을 통해 어떻게 번역됐는지 살폈다. 모든 번역 활동은 고대 지중해 세계의 유대 공동체라는 맥락에서 더 광범위하고 지속적인 문학적 대화로서, 또 그 **안에서** 이뤄졌다.[1] 따라서 이 대화가 성경에 관하여 진행되면서 오해와 불일치가 발생한 것은 놀라운 일이 아니다.

이 장에서는 그리스어 구약의 실제 본문이 수십 년과 수 세기에 걸쳐 사용, 필사, 수정 및 전수됨에 따른 오해와 불일치의 본질을 다룬다. 이런 역사적 과정을 겪는 동안 구약 본문들은 그리스어**와** 히브리어로 동시에 필사되고 전수됐으며, 이 둘은 특정한 방식으로 서로 영향을 미쳤다는 사실 역시 중요하다. 이 장은 주로 그리스어를 다루고 있지만 히

---

1   다음을 참고하라. Sean A. Adams, *Greek Genres and Jewish Authors: Negotiating Literary Culture in the Greco-Roman Era* (Waco, TX: Baylor University Press, 2020).

브리어도 염두에 두어야 한다. 이어서, 이러한 역사적 발전의 두 가지 주요 측면을 살펴볼 것이다.

1. 고대 그리스어 번역의 초기 개정본들: 구약의 그리스어 원역본 본문은 시간이 지나면서 어떻게 그리고 왜 변했을까?
2. 유대교 및 기독교 개정본들: 히브리 성서의 새로운 그리스어 번역들은 시간이 지나면서 어떻게 그리고 왜 만들어졌으며, 후대 본문 발전에 어떠한 영향을 미쳤을까?

이 장은 '칠십인역'을 단일한 개체인 것처럼 말하는 것이 얼마나 오해의 소지가 있는지 보여 준다. 동시에 본문 상황은 우리가 손댈 수 없을 만큼 혼란하거나 복잡하지 않다(때로 그렇게 느껴지긴 하지만!). 학자들은 여전히 많은 세부 사항에 대해 논쟁 중이므로 더 많은 증거가 있다면 좋겠으나, 그럼에도 그리스어 구약은 성경 본문 전체의 통합성과 신뢰성에서 중요한, 일관되고 분별 가능한 역사를 갖고 있다.

고대 그리스어 번역의 초기 개정본들

1장에서 다루었듯, 고대 그리스어 역본(Old Greek)이란 히브리 성서의 가장 오래된 원 번역을 일컫는다. 처음 나온 이후 고대 그리스어 본문은 꾸준히 필사돼 넓은 독자층에 배포됐다. 시간이 지남에 따라 고대 그리스어 본문은 의도하지 않은 방식과 의도적인 방식의 두 가지 변화를 겪는다.

의도하지 않은 본문 변형

성서 전체를 손으로 필사하는 과정은 극히 힘든 작업이다. 때로 이 과정에서 실수가 발생할 수 있다. 의도하지 않게 필사자(서기관 대신 필사자라고 한 이유는, 성서 이후의 시대이기 때문에, 그리고 구약에서 전문 교육을 받은 제사장 겸 서기관과 구분하기 위해서이다-역주)들이 잘못 필사하면, 그 결과 서로 불일치하는 사본 한 쌍(필사자가 사용한 사본과 새로 필사된 사본)이 나온다. 이런 불일치를 **이문**(異文, Variant)이라고 한다.

필사 과정에서 의도하지 않게 이문이 생겨 나는 여러 가지 경우가 있다. 예를 들어, 필사자들은 원래의 사본과 새로운 사본 사이를 왔다 갔다 하면서 본문의 일부를 실수로 건너뛰기도 한다. 이런 실수(본문 누락으로 알려진 실수)는 같은 단어들이 가까이 있을 때(또는 시작과 끝이 비슷할 때) 자주 발생하며, 필사자들은 마지막으로 시선이 머물렀던 지점에서 이어서 필사되고 있다고 **생각**하지만 사실 그렇지 않은 경우이다. 또 다른 종류의 의도하지 않은 본문 변형은 필사자들이 단순히 특정 단어를 잘못 읽었거나 동료와 작업 중에 아마도 잘못 들었을 때 발생했다. 예를 들어, 마소라 본문의 요나 2:5(현대성서 2:4)은 히브리어 본문으로 '당신의 거룩한 **성전**(히브리어로 '헤칼'[bechal])을 올려다봅니다'라고 읽는다. 마지막 단어인 '성전'은 원래 이에 적합한 그리스어 동의어인 '나온'[naon]으로 번역됐다. 하지만, 어느 순간 한 필사자가 실수로 이 단어를 '백성'을 뜻하는 '라온'[laon]으로 잘못 바꿨다. 두 단어가 비슷하게 들리고 실제 사본에서도 비슷해 보였기 때문에('라온'[ΛAON]과 '나온'[NAON]) 이런 실수가 발생한 듯하다.[2]

이 논의의 결론은 모든 문서를 손으로 기록했던 시대에는 필사자들이 아무리 꼼꼼히 작업하더라도 실수가 발생할 수밖에 없었다는 것을 인식해야 한다는 것이다. 그렇다고 이런 변화에 모두가 무관심했던 것은 아니다. 고대 사본에 남은 많은 수정 사항과 여백 주석에서 알 수 있듯, 그들은 주의를 기울였다. 그럼에도, 고대 그리스어 본문은 수 세기에 걸쳐 계속 필사되면서 의도하지 않은 (그리고 종종 눈에 띄지 않은) 본문 변형이 발생했다. 그러나 의도적으로 변형하는 일도, 그리고 경우에 따라 광범위하게 변경하는 일도 드물지 않았다.

의도한 본문 변형

2장에서 이미 언급했듯, 어떤 경우에는 주어진 히브리 성서의 그리스어 번역이 완료된 후 얼마 지나지 않아 다른 사람이 그 번역을 개정하기 시작했다. 이러한 움직임은 고대 유대교 내부에서 기존 고대 그리스어 역본의 본문 형태나 문구에 대해 다른 의견이 제기됐음을 나타낸다. 학자들은 빨라도 BC 1세기 무렵에 개정이 시작됐다는 데 동의하나, 그 범위와 근거에 대해서는 여전히 논쟁 중이다.

  전적인 이유는 아니지만 이런 개정의 주된 이유는 기존 그리스어 번역을 주류(원시-마소라) 히브리어 본문의 문구에 더 가깝게 맞추기 위한 것이었다. 그럼에도, 개정자들에게 동기를 부여했던 요인과 그들이 '개선'이라고 여겼던 구체적인 변화(및 이유)를 정확히 분석하기는 어렵다. 이렇게 개정본들이 쌓이면서 그리스어 구약의 일부 책들은 극히 복잡

2   뿐만 아니라, 그 결과인 "당신의 거룩한 **백성**을 올려다봅니다" 역시 의미가 통하는 구절이며 신명기(7:6; 14:2)의 유명한 구절들을 반영하기도 한다. 더 많은 예는 다음을 참고하라. Emanuel Tov, *The Text-Critical Use of the Septuagint in Biblical Research*, 3rd ed. (Winona Lake, IN: Eisenbrauns, 2015).

한 역사를 갖게 됐다.

구약의 이른바 '이중 본문' 책들은 본문 개정의 다양한 접근법과 결과를 이해하는 데 도움을 준다. 이 책들의 그리스어 본문은 표 4.1에 기술한 것과 같이 그 역사가 두 가지 구별된 전승으로 나뉠 만큼 개정됐다.

표 4.1 이중 본문

책	전승	설명
에스더	고대 그리스어 역본	마소라 본문에 더 가까우나, 편차가 많고 여섯 장이 추가되었다.
	알파 본문	고대 그리스어 본문보다 짧은 역본(~20%)이나, 동일하게 추가된 장이 있다.
다니엘	고대 그리스어 역본	의역 번역 전승의 일부로, 주요 추가 사항이 있다.
	테오도티온	히브리 원문에 가깝게 개정됐으며, 주요 추가 사항이 있다.
사사기	A 본문	오경 전승을 따르는 고대 그리스어 역본에 가깝다.
	B 본문	문체적 동기로 히브리 원문에 가깝게 개정됐다.

난해해 보일지 모르나, 각 책의 본문 역사는 실제로 표 4.1에 나타난 것보다 더 복잡하다.[3] 그러나 이런 이중 본문들은 그리스어 구약의 본문 역사에서 개정본의 두 가지 주요 변화를 잘 드러낸다. 우선 이 두 종류의 변화를 살펴본 다음 카이게 운동과 관련된 문제를 다루기로 한다.

본문 형태의 변화

때로 기존 번역은 담화 수준에서 본문을 크게 늘리거나 간추리거나 재

---

3   무엇보다, 과거와 현재의 학자들은 이런 본문 전승에 다른 명칭들을 적용한다.

배열하기 위해 나중에 개정됐으며, (적어도 지금까지 알려진바) 대개 원문을 아주 짧게 언급하거나 아예 언급하지 않는다. 에스더는 본문 복잡성의 핵심 사례를 제공한다. 한 전승이 고대 그리스어 역본으로 불리더라도, 그것이 실제 가장 오래된 전승인지 확실하지 않다. 이른바 알파 본문은 마소라 본문과 고대 그리스어 본문보다 현저히 짧다. 그러나 일부 학자들은 에스더의 알파 본문 전승은 독립 번역이었거나(아마도 더는 알려지지 않은 히브리어 본문의 번역) 에스더 이야기에서 파생된 이야기를 다시 기록한 것이라고 생각한다. 특히, 그리스어 에스더의 두 전승 모두 마소라 본문에는 없는 여섯 장을 추가로 담고 있다. 이런 점에서 그리스어 에스더와 그리스어 다니엘은 공통점이 있다. 두 책 모두 원래 그리스어로 기록됐으며(히브리어 원본에서 번역됐다기보다) 결국 외경의 일부로 간주될 긴 추가본을 포함한다(5장의 표 5.1을 참고하라).[4]

본문 문구의 변화

물론, 문학적 수준에서 책의 본문 형태를 변경하는 개정은 종종 더 세부적인 수준의 변화를 수반하거나 일으켰다. 대부분의 경우 이런 개정본들은 히브리어 원문의 어순 그대로, 또한 각 단어를 더 정확하게 나타내는 방식으로 본문의 문구를 조정했다. 이러한 활동은 개정 번역 전통의 전형이라 할 만한 특징이므로, 앞 장에서 익숙해졌을 것이다.

본문 문구의 변화는 개정되는 책의 특성에 따라 다양한 정도와 범위에서 일어났다. 예를 들어, 다니엘과 사사기의 고대 그리스어 역본은 모

---

4   그리스어 다니엘의 추가본은 두 본문 전승 모두에서 (서로 다른 순서로) 등장하며, 수산나, 세 청년의 노래, 아사랴의 기도, 벨과 용으로 알려져 있다.

두 전체적으로 개정됐으나 그 과제는 서로 상당히 달라 보였다. 다니엘의 고대 그리스어 번역은 의역 전승의 일부였고, 그래서 이 개정본은 어순 및 어휘 선택에서 상당한 재작업을 요구했다(대부분 테오도티온 개정본에 보존됐다). 그러나 사사기의 고대 그리스어 번역은 처음부터 오경 전승에 더 가까운 선상에 있었으므로(대부분 A 본문에 보존됐다), 전면적으로 개정되지 않았다(대부분 B 본문에 보존됐다).

카이게 운동

앞선 논의에 이어 카이게라고 알려진 애매한 영역을 먼저 알아보자.[5] 학자마다 이 용어를 매우 다양하게 사용한다. 이는 개정이나 수정 또는 운동이나 집단을 일컫는 말일까? 아울러 말하면, 본문의 문구가 히브리어 지향적으로 수정된 개정본들, 즉 지금껏 다룬 개정본들을 보통 카이게라고 부르곤 한다. 수많은 특징이 발견되었지만, 모두 유용한 것은 아니다. 잘 알려진 특징은 히브리어 분사 '브감'([vegam] '그리고 또한')을 그리스어인 '카이 게'([kai ge] '그리고 또한')라고 번역한 것으로, '카이게'라는 말이 여기에서 나왔다.[6] 일부 왕국 문서에서(삼하 11:2-왕상 2:11; 왕상

---

5 카이게를 다룬 두 가지 획기적인 연구는 다음과 같다. Henry St. J. Thackeray, "The Greek Translators of the Four Books of Kings," *JTS* 8 (1907): 262-78; Dominique Barthélemy, *Les Devanciers d'Aquila*, VTSup 10 (Leiden: Brill, 1963). Barthélemy는 1952년 사해 근처 동굴에서 발견된 그리스어 소예언서 두루마리(8HevXII gr)에서 카이게 특징들을 처음 확인했다. 나중에 다루겠지만, 카이게 번역의 특징들이 훨씬 후대의 테오도티온 개정본에서 나타나기 때문에, 초기 학자들은 카이게를 '카이게-테오도티온' 또는 '원시 테오도티온'이라고 일컫는다.

6 또 다른 공통 특징은 구문론적으로 매우 이상함에도, 히브리어 대명사 '아노키'[*anoki*]를 동의어인 '아니'[*ani*]와 구분해 번역하기 위해 '에고 에이미'([*legō eimi*] '나는…이다')라는 그리스어 구절을 사용했다는 점이다. 이외의 경우들은 다음을 참고하라. Tim McLay, "*Kaige* and Septuagint Research," *Text* 19 (1998): 127-39.

22장-왕하 25장) 이 현상이 처음 발견됐으나, 앞서 다룬 그리스어 사사기 및 그리스어 다니엘의 개정본들도 예레미야 추가본처럼 카이게와 관련이 있다.

지난 50년 동안 학계는 이 주제에 상당한 진전을 보였지만, 관련 쟁점은 여전히 복잡하고 논쟁은 지속 중이다. 한 가지 쟁점은 어떤 책에 '카이게'라는 라벨을 붙일 수 있는지, 그리고 그것이 본문 역사에 어떻게 부합하는지에 관한 것이다. 그러나 더 근본적인 논쟁은 우선 카이게 양식을 분별하는 기준이 무엇이었는지, 그리고 시간에 따라 이 전승이 어떻게 발전했는지에 관한 것이다.[7] 최근 연구에 따르면, (이전 번역의) 개정본과 새로운 번역을 구분하기는 매우 어려우며, 특히 두 본문이 결과적으로 '카이게'라고 불릴 만한 언어적 특징들을 공유하는 경우에는 더욱 그러하다.

게다가 '초문자적'으로 보이는 카이게 전승임에도, 일부 언어적 특징은 그리스어 관습에 들어맞는다.[8] 예를 들어, 히브리어 '브감'[vegam]에 해당하는 그리스어 '카이 게'[kai ge]의 선택은 BC 1세기, 특히 공식적인

---

7   한때, 학자들은 카이게 양식의 개정이라고 추정된 본문에서 90개 이상의 특징을 분별하여 그것이 조화롭고 획일적인 노력이라는 인상을 주었다(실제로는 그렇지 않다). 다음을 참고하라. Robert A. Kraft, "Reassessing the Impact of Barthélemy's Devanciers, Forty Years Later," *BIOSCS 37* (2004): 1–28; Leonard J. Greenspoon, "The *Kaige* Recension: The Life, Death, and Postmortem Existence of a Modern—and Ancient—Pheonomenon," *XII Congress of the International Organization for Septuagint and Cognate Studies, Leiden*, 2004, ed. Melvin K. H. Peters, SCS 54 (Leiden: Brill, 2006), 5–16.

8   Peter J. Gentry, "New Ultra-Literal Translation Techniques in Kaige-Theodotion and Aquila," *Die Sprache der Septuaginta/The Language of the Septuagint*, ed. Eberhard Bons and Jan Joosten, LXX.H 3 (Gütersloh: Güttersloher Verlagshaus, 2016), 202–20.

글과 문학 작품에서 분사 '게'[ge]의 사용 증가와 동시에 일어난다. 개정이든 새로운 번역이든, 이런 경우는 히브리어 원문을 문자 그대로 표현하고자 하는 욕구뿐만 아니라, 고양된 언어사용역 및 문체 효과를 내고자 하는 욕구가 동기로 작용한 결과이다.[9] 이런 종류의 개정 접근법은 아가서처럼 후대 개정 전승에서 번역된 책에도 영향을 미친 것으로 보인다. 이런 의미에서, 그리스어 구약 본문의 역사와 그리스어 구약에서 증명된 다양한 번역 접근법은 서로 얽혀 있다.

간추린 말

앞서 살펴본 바와 같이, 의도하지 않은 변형들은 그리스어 구약이 필사되는 모든 과정에서 발생했다. 하지만 더 중요한 변화들은 의도적인 변형이며, 초기에 시작된 개정 과정의 일부였다. 일부 개정본들은 원문을 언급하지 않고 늘리거나 간추리거나 재배열해서 만들어졌다. BC 1세기 팔레스타인에서 회람된 표준 히브리어 본문에 더 가까워지도록 기존 번역들을 개정하기도 했다(미묘한 그리스어 문체를 고려하지 않은 것은 아니다). 종종 카이게 전승과 관련된 이 특정 접근 방식은 처음부터 개정판 전승으로 번역된 후대의 책들뿐만 아니라 시대가 바뀐 이후에 더욱 엄격히 제작된 새로운 번역과 개정본의 발판이 되었다.

---

9   이런 현상은 '다중원인성'이라고 불린다. 다음을 참고하라. James K. Aitken, "The Origins of KAIΓE," *Biblical Greek in Context: Essays in Honour of John A. L. Lee*, ed. James K. Aitken and Trevor V. Evans, BTS 22 (Leuven: Peeters, 2015), 21-40.

유대교 및 기독교 개정본들

그리스어 구약의 본문 역사는 이때부터 더욱 복잡해진다.[10] 역사의 발자국은 너무 희미하거나 듬성듬성 있거나 서로 비슷해서 구분이 어려워지는 반면, 발자취는 매우 많아지고 교차하기 시작한다. 대체로 이러한 어려움은 히브리 성서를 그리스어로 번역하려는 세 가지 새로운 흐름, 즉 '삼대' 유대교 개정본으로 알려진 것이 출현했기 때문이다.

삼대 유대교 개정본

아퀼라 개정본(Aquila, α′)

아퀼라는 AD 2세기 로마 황제 하드리아누스 통치기 사람으로, 사실 그의 가까운 친척이었다. 아퀼라는 예루살렘에 사는 동안 기독교 공동체에 참여했으나 점성술을 계속했다는 이유로 결국 파문당했다. 그런 다음 그는 유대교로 개종하여 랍비들의 인도 아래 학습했으며, 히브리 성서를 그리스어로 직접 번역하기 시작했다.

　아퀼라는 작업 과정에서 히브리어 원문의 모든 부분을 그리스어로 표현하기 위해 그가 생각해낼 수 있는 모든 방법을 동원했다. 자세한 예로, 굳이 번역할 필요가 없는, 히브리어에서 직접목적어를 받는 분사인 '에트'(*etb*)를 표현하기 위해 그리스어에서 직접목적어를 받는 전치사 '쉰'([*syn*] '…와 함께')을 사용하기까지 했다. 이렇게 접근한 결과는 기껏

10　이 쟁점과 관련한 더 많은 논의는 다음을 참고하라. Ville Mäkipelto, "The Septuagint and the Major Recensions," 161-74, Peter J. Gentry, "The Septuagint and Origen's Hexapla," 191-206, *T&T Clark Handbook of Septuagint Research*, ed. William A. Ross and W. Edward Glenny (London: Bloomsbury T&T Clark, 2021).

해야 눈에 띄는 정도였을 것이고, 최악의 경우 혼란스럽거나 터무니없게 보였을 것이다.[11] 아퀼라 개정본에는 다른 많은 독특한 특징이 있으며, 그중 일부는 카이게 운동에서 시작된 접근법을 강화했다. 예를 들어, 아퀼라는 같은 히브리어 단어를 반드시 같은 그리스어 단어로 번역하고자 했기에 이따금 완전히 새로운 그리스어 단어들을 만들기도 했다.

아퀼라가 반복적으로 시도한 번역 접근법은, 그의 사회적 맥락에서 항상 완전히 비관습적인 방식은 아니었지만, 그리스어를 특이하게 사용하는 결과를 낳았다. 이런 극도로 엄격한 접근 방식 **내에서도** 아퀼라가 그리스어로 한층 문학적이고 교양 있는 어휘와 표현들을 엮어 낼 수 있었다는 사실에 주목할 필요가 있다. 전반적으로 아퀼라의 작업은 (특히 히브리어를 사용하지 않는) 유대인 공동체에서 호평을 받았고 수 세기 동안 인기를 유지했다.

심마쿠스 개정본(Symmachus, σ′)

히브리 성서의 역본을 새로 작업한 이는 아퀼라만이 아니었다. 고대 기록자들은 심마쿠스라는 이름을 따라 이 두 번째 개정본을 불렀지만, 실제로 누가 작업했는지는 거의 알려진 바가 없다. 대다수 학자들은 번역가가 AD 2세기 후반이나 3세기 초에 팔레스타인의 가이사랴에 살던 유대인이었으리라 생각한다.

이 개정본을 심도 있게 조사한 학자들은 거의 없지만, 번역 접근법에

---

11 예를 들어, 창 1:1에서, 아퀼라의 그리스어 번역이 이를 잘 보여 준다. '하나님이 하늘과 함께('쉰'[syn]) 그리고 땅과 함께('쉰'[syn]) 창조하셨다.' 이런 상황에서, 아퀼라는 대개 '쉰'[syn]의 목적격에 맞는 여격 대신 대격인 직접목적어를 두었다.

대해서는 어느 정도 합의가 이루어졌다. 심마쿠스와 아퀼라를 비교해 보면 이해가 쉽다. 아퀼라 개정본은 개정 번역 전승과 카이게 운동의 경향을 채택하고 발전시켰다. 반면, 심마쿠스 개정본은 오경 번역 전승을 채택하고 발전시켰다. 심마쿠스의 특징은 그리스어 표현이 명확하다는 점과 그리스어 오경에서 익숙한 문체를 선택해 히브리어를 정확하게 전달한다는 점이다. 그러나 어떤 측면에서 심마쿠스 번역은 관습적인 그리스어에 가까운 선택을 한다. 개정본에는 '다른 신들'이라는 구절을 '거짓 신들'로 더 구체적으로 번역한 것과 같이(예, 신명기 31:20), 팔레스타인의 유대 해석이 지닌 특정 관심과 일치하는 것처럼 보이는 신학적 요소들도 있다.

아퀼라와 심마쿠스 두 개정본은 초기 번역 전승을 약간 수정해서 확장했으나, 동시에 유대 집단 내에서 회람되고 수용됐다. 심마쿠스 개정본은 그리스어를 모국어로 사용하는 중산층 청중을 대상으로 삼은 듯 보이며, 이들은 아퀼라 개정본과는 다른 양식의 성경을 아마도 다른 목적에서 찾던 이들이었을 것이다. 초창기 수요가 어떠했든 간에, 후기 로마와 초기 비잔틴 시대에 유대교와 기독교 기록자들에게 결국 기본이 된 역본은 아퀼라 개정본이었다.

테오도티온 개정본(Theodotion, θ′)

AD 2세기에(어쩌면 더 일찍) 테오도티온이라고 알려진 이가 또 다른 번역을 진행했다. 이 역사적 인물의 신원은 확실하지 않지만, 가장 신뢰할 만한 출처인 이레나이우스는 테오도티온이 원래 에베소(에페수스)에서 유대교로 개종했다고 보고한다.[12]

테오도티온 작업의 본질을 둘러싼 많은 질문이 있다. 에피파니우스는 테오도티온이 히브리어를 번역했지만, 그리스어 구약의 일부 번역을 참고했다고 보고한다.[13] 일반적으로 말해 기존 본문보다 히브리어에 더 가깝게 번역하는 접근법이었다. 결과는 아퀼라의 작업보다는 덜 엄격했지만 심마쿠스 만큼 세련되고 그리스어답지는 않았다. 다양한 용어를 음역하는 경향을 제외하면, 학자들도 그 특징을 확실하게 분별해 내지 못할 만큼 테오도티온의 번역 접근법에는 그다지 주목할 점들이 없다. 예를 들어, 이른바 다니엘-테오도티온 역본(표 4.1 참고)은 실제로 테오도티온에 의해 제작됐는지, 또한 그것이 새로운 번역이었는지 아니면 단순한 수정이었는지에 대해 학자들의 의견이 분분하다.

이 개정본 연구를 복잡하게 만드는 한 가지 주된 요인은 테오도티온의 번역 접근법이 카이게 운동과 유사하거나 또는 카이게 운동의 후대 모습으로 간주되어야 한다는 것이다. 그러나 책들마다 비슷한 정도가 다 다르다. 결국 테오도티온이 의도적으로 카이게 전승을 따른 것인지 아니면 카이게 특징들이 포함된 그리스어 구약 본문을 참고하면서 미처 인식하지 못하고 단순히 개정본을 제작한 것인지, 학자들은 확신하지 못한다. 어느 경우든, 후에 테오토디온과 연관되거나 사용된 본문 전승은 일부 신약 저자들에게도 친숙했다(예, 눅 21:27).

오리게네스 헥사플라(Hexapla)와 헥사플라 개정본

삼대 개정본의 등장이 끝이 아니다. 사실상 이러한 개정본들은 다음 세

---

12   Irenaeus, *Haer.* 3.21.1.

13   Epiphanius, *De mens.* 17.

기에 걸쳐 본문의 발전을 상당히 촉진했다. 이러한 발전은 3세기에 활동한 기독교 학자 오리게네스(AD 185-254년경)의 손에 의해 크게 진척되었다.

지금껏 다룬 모든 변형 과정을 고려하면, 초기 교회는 성경 본문의 정확도에 별로 관심을 두지 않은 것처럼 보인다.[14] 그러나 이는 사실이 아니다. 표준 히브리어 본문에 대한 수정과 개정된 본문이 존재했다는 것 자체가 적어도 BC 1세기 유대인들의 본문 정확도에 대한 관심을 보여주며, 이는 결국 그리스도인들에 의해 더욱 발전했다. AD 3세기 중반 오리게네스의 작업은 당시 구약 본문 상태에 대한 관심과 교회가 더욱 정확한 번역을 사용하게 하기 위한 열망에서 비롯된 것으로 보인다. 일반적으로 초기 그리스도인들(특히 오리게네스)이 들인 시간, 돈, 노력의 정도로 보아 작업의 가장 우선순위는 그리스어 구약 본문을 교회의 가르침 및 권위의 기초로서 히브리 성서와 일치시키는 데 있었을 것이다.[15]

오리게네스는 구약 전체에 대해 당시 팔레스타인에서 회람된 원시-마소라 히브리 본문과 정확히 일치하는 그리스어 번역을 제공하려 했고, 이를 위해 선례 없는 조치를 취했다. 오리게네스는 헥사플라('육란대역')로 알려진 새로운 개정본 작업에 착수했다. 그는 표 4.2와 같이 쪽마다 여섯 칸으로 나눠 본문을 대조해 실었다.[16] 오리게네스는 헥사플라

---

14   다음과 같은 주장이 그렇다. Timothy M. Law, *When God Spoke Greek: The Septuagint and the Making of the Christian Bible* (Oxford: Oxford University Press, 2013), 139, 168. 어떤 점에서는 흥미롭고 도움도 되지만, Law의 작업은 이념적으로 치우쳐 있고, 그의 결론은 종종 과장돼 있다. 다음을 참고하라. Moisés Silva, review of *When God Spoke Greek: The Septuagint and the Making of the Christian Bible*, by Timothy Michael Law, *WTJ* 76, no. 1 (2014): 222-28.

15   더 상세한 내용은 7장을 참고하라.

의 각 단마다 본문을 구절별로 배열했고 면밀히 비교했다.[17]

표 4.2 헥사플라의 여섯 단

1	2	3	4	5	6
오리게네스의 원시-마소라 히브리 본문	첫 단을 그리스 문자로 음역*	아퀼라 개정본	심마쿠스 개정본	오리게네스의 그리스어 구약 본문**	테오도티온 개정본

* 히브리어에 아직 완전한 모음 체계가 구축되기 전이었기 때문에, 오리게네스(와 다른 이들)는 첫 단을 발음할 수 있도록 소리 내 읽는 전승(음역)을 둘째 단에 제시했다.

** 다섯째 단에서 오리게네스가 선택한 본문은 '그' 고대 그리스어 본문이나 '그' 칠십인역이 아니다. 그가 느끼기에 가장 잘 번역된 본문 또는 그리스도인들 사이에서 가장 널리 배포됐을 본문이다.

이는 약 40권에 이르는 방대한 양의 대규모 작업이었다.[18] 오리게네스는 이 일에 적합한 자격을 갖춘 이였다. 적어도 AD 220년까지 알렉산드리아에 살았던 오리게네스는 프톨레마이오스 1세 시기까지 몇 세대를 거슬러 오르는 왕립 도서관을 기반으로, 매우 상세한 본문과 문법의 학문 전통에서 교육받았다.

세부 사항에 대한 학계의 논쟁은 여전하지만, 최근 연구에 따르면 헥사플라는 더 많은 본문 작업, 다시 말해 첫 단과 둘째 단을 생략한 이른바 테트라플라('사란대역') 작업을 위한 준비 단계였다. 테트라플라의 주요 구약 본문의 주된 특징은 오리게네스가 헥사플라를 토대로 변경한

---

16   Jerome, *Comm. Tit.* 3.9.

17   Origen, *Comm. Matt.* 15.14; Eusebius, *Hist. eccl.* 6.16; Rufinus, *Hist.* 6.16.4.

18   다음을 참고하라. Anthony Grafton and Megan Williams, *Christianity and the Transformation of the Book: Origen, Eusebius, and the Library of Caesarea* (Cambridge, MA: Belknap Press of Harvard University Press, 2006), 96-132.

내용을 포함했다는 것이다. 오리게네스는 그리스 학자인 사모트라케의 아리스타르코스(BC 217-135년경)가 호메로스를 편집하면서 완성한 기호를 사용해 이 모든 변경을 표시했다. 가장 흔한 기호들은 다음과 같다.

- **의구표**(오벨루스 ÷ 또는 —)는 히브리어 본문에 없는 그리스어 구약 본문을 표시하는 기호이다.
- **별표**(아스테리스코스 ※)는 원래 존재하지 않지만 히브리어 본문과 일치하도록 셋째, 넷째, 여섯째 단에 추가한 그리스어 구약 본문을 표시하는 기호이다.
- **맺음표**(메토벨루스 ⁄ 또는 ⁄)는 이미 **의구표**나 **별표**로 표시된 구문을 끝맺는 기호이다.

학자들은 이 기호들이 헥사플라의 다섯째 단 자체에서 나왔는지, 테트라플라의 그리스어 구약 본문에만 나왔는지, 또는 (만일 있다면) 오리게네스가 테트라플라를 처음 만들었는지에 대해 서로 의견이 일치하지 않는다. 헥사플라 연구의 많은 분야가 여전히 의견 일치에 이르지 못했다.

확실한 것은 종종 '헥사플라 개정본'이라 불리는, 오리게네스의 다섯째 단에서 만들어진 그리스어 구약 본문이 다음 세기에 막대한 영향을 미쳤다는 점이다. 후대의 두 학자, 팜필루스와 가이사랴의 주교인 에우세비우스는 AD 307년에서 309년까지 헥사플라의 난외 주석과 해석을 추가하며 계속해서 본문을 발전시켰다. 하지만 오래지 않아 오리게네스의 기호들은 필사 중에 생략됐다. 콘스탄티누스가 에우세비우스에게 제국 전역에서 사용할 50부의 필사본을 주문하여 배포한 사건은 사실상 그것을 표준본문이 되게 했다.[19] 따라서 본문의 복잡성을 줄이려고 했던 오리게네스의 작업은 더욱 복잡하게 얽힌 유산을 남겼고, 학자들은 이를 되돌리기 위해 계속해서 많은 노력을 기울이고 있다.

안디옥(안티오키아) 개정본

오늘날 칠십인역 학계에서 가장 큰 논란을 부추기는 또 다른 중요한 그리스어 구약의 기독교 개정본이 있다. 히에로니무스가 이 개정본을 안디옥의 기독교 순교자 루키안의 것으로 간주했기 때문에, 종종 안디옥의 본문, 루키안의 본문으로 불린다(*Praef. ad Par.*). 그러나 루키안의 참여 정도 및 참여 성격은 분명하지 않다. 일반적으로 안디옥 개정본은 문체와 명확성이 분명하며, 다른 히브리어 본문 전승의 대안적인 해석을 제시하기도 한다. 그러나 안디옥 개정본의 특징은 모든 책에서 일관적이지 않아 이를 일반화하기 어렵다.

이 개정본과 관련된 가장 큰 논쟁점은 작업에 사용된 기본 본문에 있다. 학자들은 원시-루키안 본문을 말하곤 하지만, 초기 본문이 다른 그리스어 구약 전승, 특히 카이게 운동 안의 본문들과 어떤 관계가 있는지에 대해서는 전부 의견이 다르다. 일부 학자들은 쿰란(특히 4QSam^a)에서 발견된 본문들과 일부 유사한 점을 고려할 때, 원시-루키안 본문이 비표준 히브리어 본문에 더 가깝게 맞추기 위해 구약 전체를 개정한 개정본을 대표한다고 주장한다. 그러나 이런 견해는 뒷받침하는 증거가 부족하므로 비판을 받는다. 이 주제에 대한 학계의 의견은 제각각이

---

19 Eusebius, *Vit. Const.* 4.36.

다. 다행히도 현재 독일 괴팅겐에서 학자들이 사무엘서와 열왕기서의 비평본을 준비하는 중요한 작업이 진행되고 있다.

간추린 말

시대의 전환 이후, 그리스어 구약 본문은 중대하고 철저한 변화를 겪었다. 이 중에서 가장 중요한 것은 아퀼라, 심마쿠스, 테오도티온에 의한 삼대 유대교 개정본이다. 히브리 성서의 초기 그리스어 번역과 비교했을 때 확실히 알 수 있듯, 이 작업들은 대체로 기존 전승 안에 머물면서 다양한 문체를 시도해 새로운 변화를 드러냈다. 그 후 오리게네스가 이 세 가지를 헥사플라에서 편집해서 엮었으며, 원시-마소라 히브리 본문에 더 가깝도록 조정한 그리스어 구약 본문을 만들었다. 헥사플라의 개정본이 기독교 세계 안에서 매우 널리 퍼지는 동안, 지금껏 논란 중인 루키안 같은 다른 기독교 학자들도 여전히 자신의 본문판을 제작했다.[20]

끝맺으며

이제 '칠십인역'을 단일하고 일관된 본문을 가진 실체처럼 언급할 수 없는 이유를 충분히 알 수 있을 것이다. 필사자들을 통해 히브리 성서를 처음 번역한 때부터 초기의 부분적인 수정, 그리고 후대의 전체 개정에 이르기까지, 그리스어 구약 전서는 광범위하고 다차원적이다. 이러한 현실로 인해 '칠십인역' 본문을 **찾기도** 어렵다. 이를 담고 있는 단일한

---

20   히에로니무스는 헤시키우스 개정본이라고 불리는 또 다른 기독교 개정본을 언급하지만
      (*Praef. ad Par.*), 사실상 이에 대해 알려진 것은 전혀 없다.

책이 아직 없기 때문이다(세부 사항은 부록을 참고하라).

우리는 어떤 책들이 어떻게 다양한 형태와 배열로 존재하는지를 보았고, 또 다른 책들이 어떻게 극적이고 미묘한 방식으로 다양한 언어 스타일을 보여 주는지를 확인했다. 이런 활동의 대부분은 유대교 자체 안에서 다양한 본문, 문화, 종교 및 언어 선호도에 따른 결과물로서 발생했다. 이에 대한 대응으로 초기 기독교 안에서 또 다른 활동이 일어났다. 물론 '칠십인역'의 근간을 이루는 역사, 언어, 본문의 불협화음을 전부 이해하기는 어려울 수 있지만, 이 모든 것이 성서와 신학 연구에 의미 있는 결과를 낳았다. 이제 우리는 이런 관심들로 시선을 옮긴다.

The Septuagint

What It Is and Why It Matters

2부

칠십인역은
왜 중요한가?

5장

구약 연구에서
칠십인역은 왜 중요한가?

"칠십인역은 무엇인가?"라는 첫 질문을 1부에서 다루었다. 이어 두 번째로 넘어가 보자. 칠십인역은 왜 중요한가?

다음 세 장에서 우리는 구약을 더 잘 파악하고(5장), 그리스어 구약이 신약을 어떻게 형성했는지 이해하고(6장), 오늘날 교회에서 그리스어 구약이 차지하는 권위를 탐구하는(7장) 측면에서 초급자든 상급자든 성서를 연구하는 학생들에게 그리스어 구약에 대한 지식이 왜 중요한지를 보여 주고자 한다. 각 장은 많은 분야를 다루며 책 전체를 아우를 수 있는(그리고 아우르는) 주제들을 탐구한다. 주로 핵심을 다루며 추가 정보들은 각주에서 언급할 것이다.

히브리 성서를 연구하려면 이를 번역한 그리스어 구약이 중요하다는 것은 명백하다. 그러나 이런 중요성이 간과되거나 잘못 다루어지는 경우가 종종 있다. 따라서, 이 장에서는 그리스어 구약이 다음 세 가지 내용을 이해하는 데 왜 필수적인지를 설명하겠다.

1. 구약의 경계: 그리스어 구약은 정경 논의들, 특히 외경과 관련하여 어떤 영향을 미쳤는가?

2. 구약의 내용: 그리스어 구약은 히브리 성서의 문구를 재구성하는 데 어떤 역할을 할까?

3. 구약의 초기 해석: 그리스어 구약은 히브리 성서의 초기 유대 '주석'으로서 어떤 역할을 할까?

각 주제를 차례대로 다루면서 주요 핵심을 명확히 이해하는 데 도움이 될 비유와 사례를 제시하고자 한다.

구약의 경계

게임 '미들 어스'(Middle Earth)를 좋아하는 사람이라면 동의하겠지만, J.R.R. 톨킨(J.R.R. Tolkien)의 『반지의 제왕』(*The Lord of the Rings*)의 핵심 '정본'은 『호빗』(*The Hobbit*)부터 『왕의 귀환』(*The Return of the King*)까지 네 권의 책이다. 그러나 추가본들, 이를테면 『실마릴리온』(*The Silmarillion*, 톨킨의 다른 몇몇 작품과 그의 아들 크리스토퍼 톨킨[Christopher Tolkien]의 추가 작품을 포함한다.) 및 그 뒤를 잇는 책들은 톨킨의 '정본'과 다소 곤란한 관계에 있다. 만일 원래의 네 권을 포함한 모든 책이 한 상자에 담겨 포장돼 있다면, 이는 **모두** 진짜 정본이라는 암시일 수 있다. 그러나 개별적으로 고려할 때 톨킨의 작품의 경계를 어디에 두어야 할지 많은 논쟁이 있을 것이다. 구약 정경을 수용할 때 그리스어 구약의 역할을 고려하는 경우가 **대략** 이와 비슷하다.

유대교와 기독교의 모든 주요 분파, 즉, 개신교, 로마가톨릭교회, 정교회는 그들의 중심 정경으로서 이스라엘의 성경인 히브리 책들의 핵심 묶음, 즉 영어 성경 순서대로 창세기에서 말라기까지 39권의 책들(유대교 기준으로 22권의 책들)을 동일하게 인정한다. 정경 논의에서 그리스어 구약은 다음과 같은 이유로 중요하다. **로마가톨릭교회와 다양한 정교회 분파들은 그리스어 구약 전서에 포함된다는 이유로, 추가된 책들과 정경 책들의 추가 본문들을 수용한다.**[1] 달리 말해, 그리스어 구약은 오늘날 구약의 경계를 흐리는 경향이 있다. 즉, 논란의 여지가 없는 정경의 핵심 외에 『실마릴리온』 같은 추가본이 존재하므로 무엇을 '안'에 둘지, '바깥'에 둘지, 왜 그렇게 해야 하는지 의문을 낳는다.[2] 따라서 복잡한 주제를 먼저 조명할 필요가 있다.[3]

유대 그리스어 문헌들의 등장

히브리 성서를 중요하게 여기면서도, 수 세기 동안 유대 공동체에서 히브리 성서만 기록된 것은 아니다. 사실 구약도 야살의 책(수 10:12-13), 여호와 전쟁기(민 21:14), 솔로몬의 실록(왕상 11:41) 등 (지금은 분실된) 다른 문헌들을 언급한다. 그러나 유대인의 문헌 생산성은 2장에서 짧게

---

1 지면 상 에티오피아교회, 콥트교회, 시리아교회의 구약 정경을 모두 다루지는 못했다.

2 관련 쟁점은 구약 책들의 배열이다. 영어 성경이 '히브리 성서' 대신 '칠십인역'을 따른다는 관념은 지나치게 단순한 생각이다. 히브리 성서의 배열순서는 랍비 시대(AD 100년 중반-600년대)까지 표준화되지 않았고, 완성된 그리스어 구약 사본들도 서로 배열순서가 다르며 영어 순서와도 맞지 않는다.

3 다음을 참고하라. Greg Lanier, *A Christian's Pocket Guide to How We Got the Bible: Old and New Testament Canon and Text* (Fearn, Rossshire, Scotland: Christian Focus, 2019); Lee M. McDonald, *The Formation of the Biblical Canon*, vol. 1, *The Old Testament: Its Authority and Canonicity* (London: T&T Clark, 2017).

소개한 바와 같이 BC 400년 이후 증가하기 시작했다.

수많은 '신구약중간기' 유대 문헌들은 집합적으로 사해문서(및 관련 문헌)라고 불린다. 대부분 히브리어로 BC 3세기부터 AD 1세기 사이에 작성됐으며, 빛과 어둠의 전쟁에 대한 묵시적인 환상부터 성서의 시편을 연상시키는 시에 이르기까지 다양하게 구성되어 있다.[4] 또 다른 유대 문헌들은 여러 언어(히브리어, 아람어, 에티오피아어, 시리아어, 콥트어, 라틴어, 그리스어)와 시대에 걸쳐(일부는 기독교 이전/유대교 시대, 일부는 기독교 이후, 일부는 섞였다) 기록됐으며, 넓게 위경으로 묶인다. 여기에는 에녹 1서(유 14-15절에서 인용), 희년서, 에스라 4서, 바룩 2서, 시빌라의 신탁, 열두 족장의 유언이 포함된다.[5]

우리의 목적을 위해 가장 중요한 부분은 이른바 외경('숨겨진'이라는 의미)의 책들이다. 이들은 BC 3세기 후반쯤 등장했으며 새로 작성되었거나 히브리어에서 번역된 책으로, 주로 그리스어로 전해졌다.[6] 이 책들은 여러 장르에 걸쳐 다양한 유대인의 관점을 드러내며, 성서 책들의 추가 **본문**과 성서 외의 책들을 담고 있다(표 5.1 참고).

로마가톨릭교회와 정교회는 미미한 차이를 보이긴 하지만, 이 책들을 제2정경('두 번째 정경')이라고 간주하며 성경의 권위를 부여한다.[7] 그

---

4   Michael Wise, Martin Abegg Jr., and Edward Cook, eds., *The Dead Sea Scrolls: A New Translation* (New York: HarperOne, 2005).

5   James H. Charlesworth, ed., *The Old Testament Pseudepigrapha*, 2 vols. (Peabody, MA: Hendrickson, 2010).

6   David A. deSilva, *Introducing the Apocrypha: Message, Context, and Significance*, 2nd ed. (Grand Rapids, MI: Baker Academic, 2018). 적어도 마카베오 1서(상), 시락서, 토빗은 원래 히브리어나 아람어로 구성됐다는 것이 널리 인정되었다.

7   로마가톨릭교회와 정교회는 마카베오 1-2서(상하), 토빗, 유딧, 시락서, 솔로몬의 지혜서, 에스더 추가본, 예레미야, 다니엘에 대해서는 서로 의견이 일치한다. 정교회는 이 외에도 일

표 5.1 그리스어 외경

추가된 책	정경 책들에 추가된 부분
에스드라 1서 (때로 에스드라 2서)	에스더: 여섯 장에 걸쳐 있음
토빗	시편: 151편
유딧	예레미야: 예레미야의 편지, 바룩
솔로몬의 지혜서	다니엘: 수산나, 세 청년의 노래, 아사랴의
시락서 (또는 집회서)	기도, 벨과 용
므낫세의 기도	
마카베오 1서(상)	
마카베오 2서(하)	
마카베오 3서	
마카베오 4서	

책들이 주로 그리스어로 회람되었다면, 그리스어 구약 자체가 이러한 발전에 어떤 영향을 미쳤을까?

그리스어 구약의 역할

그리스어 구약이 그리스어 외경의 궤적에 남긴 영향은 다음 두 가지 방식으로 추적할 수 있다. 즉 문헌의 활용 및 구약 코덱스의 포함 여부이다.

<u>활용</u>

외경 책들은 유대 공동체 안에서 작성됐지만, 수십 년 동안 유대교 안에서 엇갈린 대접을 받았다. 일부는 쿰란 공동체에서 읽히거나 인용됐으나,[8] 필론은 이 책들을 대체로 무시했고, 요세푸스는 선별적으로 사용

반적으로 에스드라 1서, 마카베오 3서, 므낫세의 기도, 시편 151편, 마카베오 4서(부록으로만 인정)를 포함한다. 에스드라 2서에 대한 처우는 시간이 지남에 따라 현저히 다르다.

8   시락서, 토빗, 예레미야의 편지, 다양한 형태의 시편 151편은 사해문서에서 발견된다.

했으며, 주요 그리스어 개정본들(아퀼라, 심마쿠스, 테오도티온; 4장 참고)은 이를 다루지 않았다.

히지만 그리스어를 사용하는 기독교 안에서는 이야기가 달랐다. 200년대 후반 및 300년대 초반에 이미 교부들의 인용이나 초기 구약의 정경 목록에 다양하게 포함된 것에서 볼 수 있듯, 이 외경 책들은 교회에서 널리 회람되었다.[9] 외경 책들의 지위에 대한 의문은 오리게네스(AD 185 - 253년경), 히에로니무스(AD 345 - 420년경), 아우구스티누스(AD 354 - 430년경)를 통해 정점에 달했다. 오리게네스와 아우구스티누스는 세부적인 의견은 달랐지만, 외경이 교회 안에서 널리 받아들여졌기 때문에 그 권위를 인정해야 한다고 주장했다.[10] 그리스어를 사용하는 교회가 히브리어에서 찾을 수 없는 추가 문헌들을 이미 그리스어 구약 안에 포함해 사용 중인데, 왜 금지해야 하는가?

하지만 히에로니무스는 다른 태도를 보였다. 그는 개인 신앙의 '덕을 세우는'(edification) 정도로 외경의 가치를 인정했을 뿐, 교회의 '교의' 문제를 결정할 때는 승인된 히브리 책들(즉, 창세기-말라기)만 사용해야 한다고 주장했다.[11] 하지만 그는 라틴어 불가타에 일부 그리스어 외경 책들을 번역해 실었다. 얄궂게도 적절한 때에 이르러 전통적인 구약 책

---

9   다음을 참고하라. Edmon L. Gallagher and John D. Meade, *The Biblical Canon Lists from Early Christianity: Texts and Analysis* (Oxford: Oxford University Press, 2018).

10   Origen, *Ep. Afr.* 4-5, 13; Augustine, *Doctr. chr.* 2.8; *Civ.* 17.20; 18.36.

11   Jerome, *Praef. ad Sal.*; Vulgate 서론. 아우구스티누스와 히에로니무스의 논쟁에 대한 더 상세한 내용은 다음을 참고하라. Annemaré Kotzé, "Augustine, Jerome and the Septuagint," *Septuagint and Reception: Essays Prepared for the Association for the Study of the Septuagint in South Africa*, ed. Johann Cook, VTSup 127 (Leiden: Brill, 2009), 245-62.

들(교의를 위한 책들)과 외경(덕을 세우기 위한 책들)은 개신교 안에서 자연스럽게 구분된다(개신교는 불가타에서 멀어지지만 말이다). 그러나 히에로니무스의 구분은 그의 로마가톨릭 계승자들에 의해 무산된다. 트리엔트 공의회(1546년)에서 (불가타를 통해 전달된) 특정 외경 문헌들에 정경과 동등한 지위를 부여하기 때문이다. 따라서 칠십인역(또는 더 정확히 그리스어로 된 유대 종교 문헌 전서)은 직접적으로는 교회의 활용 여부를 두고 벌어진 논쟁을 통해, 간접적으로는 히에로니무스를 통해, 오늘날 로마가톨릭교회가 구약의 경계 안에 특정 외경 책들을 포괄하게 된 방식에 막대한 책임을 지고 있다.

코덱스

몇몇 그리스어 구약 사본에 포함된 것으로 보아, 외경 책들은 널리 사용된 듯하다. 고대 대부분의 시기에 성서 책들(또는 책 묶음)은 각자 개별 두루마리에 필사됐다. 그러나 제본 기술의 발달로 전체 구약을 (그리고 궁극적으로 신약까지) 두 표지 사이에 넣을 수 있게 됐다. 즉 코덱스 형태의 글 모음집을 제작할 수 있게 됐다(톨킨 '박스 세트' 비유와 유사하다). 중요한 점은, AD 4세기와 그 이후에 제작된(그리스도인들이 제작한) 그리스어 구약의 더 큰 코텍스는 모두 전통적인 구약 책들은 물론 외경 책들도 부분적으로 포함하고 있다는 것이다(표 5.2 참고).[12]

주요 코덱스들이 두 표지 사이에 포함시킨 외경들(또는 그 순서)은 서로 일치하지 않는다. 그런데도, 그리스 정교회가 그리스어 구약을 권위

---

12   구약 일부를 필사한 몇몇 초기 사본에도 역시 외경 추가본들이 포함돼 있다(예, 파피루스 967의 수산나).

표 5.2 주요 그리스어 코덱스에서 발견된 외경 책들

	시나이	바티칸	알렉산드리아
에스드라 1서		✓	✓
토빗	✓	✓	✓
유딧	✓	✓	✓
솔로몬의 지혜서	✓	✓	✓
시락서	✓	✓	✓
므낫세의 기도			✓
마카베오 1서(상)	✓		✓
마카베오 2서(하)			✓
마카베오 3서			✓
마카베오 4서	✓		✓
에스더 추가본	✓	✓	✓
시편 추가본(시 151편)	✓	✓	✓
예레미야 추가본		✓	✓
다니엘 추가본		✓	✓

있는 본문으로 인정했기 때문에, 이런 코덱스들은 외경 채택에 있어서 중요한 역할을 했다.[13]

간추린 말

그렇다면 어느 정경이 옳은 것일까? (유대교와 개신교가 채택한) 전통적인 히브리 판일까 아니면 (차이는 있으나, 로마가톨릭교회와 정교회가 채택한) 다양한 외경 문헌들을 포함하고 있는 확장된 '칠십인역' 판일까? 이 중요

---

13 다음을 참고하라. the introduction, *The Orthodox Study Bible* (Nashville: Thomas Nelson, 2008); Alexandru Mihăilă, "The Septuagint and the Masoretic Text in the Orthodox Church(es)," *RESt* 10, no. 1 (2018): 30-60.

한 질문에 대해서는 7장에서 살펴보려 한다. 지금은 그리스어 구약이 주된 역할을 해왔기 때문에 중요하다는 점을 강조하고 싶다. 유대교는 전통적인 히브리 책들을 번역하기 위해 노력하는 동시에 외경 책들을 그리스어로 작성하거나 번역했다. 수많은 기독교 국가에서 '칠십인역'이라는 명칭이 전체 (다양한) 모음집에 포괄적으로 적용될 때까지, 그리스어를 사용하는 초기 교회 안에서와 그리고 그 너머에서 외경 책들은 차례대로 사용되고 전승되었다. 이런 현상이 없었다면 기독교의 모든 분파에서 구약의 경계들은 같았을 것이다.

구약의 내용

그리스어 구약이 구약의 히브리어 본문을 연구하고 재구성하는 데 어떤 영향을 미쳤는지 살펴보자. 이를 위해 논란의 여지가 없는 책들(예, 창세기-말라기)로 초점을 옮기고자 한다.

최근 몇 년 동안 이미 개봉한 영화에서 장면을 삭제, 추가하거나 해설을 넣는 등 새로 편집한 '감독판'이 부상하고 있다. 감독판을 개봉판인 원작과 비교해 보면, 여전히 원작을 알아볼 수 있기는 하나 의미 있는 수정 부분들도 눈에 띈다.

그리스어 구약에도 때로 일종의 '감독판' 역할을 하는 구약 책들이 있다. 1장에서 설명했듯, 오늘날 히브리 성서의 주요 형식은 주로 중세 레닌그라드 코덱스에 수록된 마소라 본문이다. 하지만 내용은 훨씬 이전으로 거슬러 올라가며, 그리스어 구약의 사본들은 이 사슬에서 중요한 연결 고리 역할을 한다. 그리스어 구약의 사본들은 마소라 본문보다 천 년 이상 앞서기 때문에, 훨씬 더 이른 시기의 히브리어 본문에 접근할 수 있다. 그러므로 그리스어 구약은 (3-4장을 토대로) 다음과 같은 이유에서 중요하다. **정경 책들의 그리스어 번역은 전체적으로 전통적인 히브리어와 거의 동일하지만, 그 형태나 구체적인 문구들은 히브리어에 비해 상당히 많은 부분에서 상대적으로 다양하다.**

예를 들어, 다윗과 골리앗의 이야기(삼상 16-18장)를 그리스어로 보면, 마소라 본문(그리고 영어 본문)과 꽤 다른 이야기가 발견된다. 그리고 ESV나 NIV의 구약 난외주를 간략히 살펴보면, 변형된 수많은 문구들이 등장하며, 대부분 '칠십인역'을 참조한다. 이러한 현상에 대해 살펴보자.

성서 책들의 형태

형태(또는 **본문 형식**)란 장의 수와 순서, 줄거리 일화, 내러티브 또는 시의 구조 등, 책의 거시문학적 특징을 의미하며, 대체로 어떤 장면 전체를 잘라 내거나 다른 결론을 제시하는 '감독판'의 편집이 이에 가깝다. 그리스어 구약에 실린 성서의 책들은 히브리어 본문(특히 마소라 본문)에 비해 상대적으로 사실상 알아보기 어렵다는 인상을 주는 일부 학자들과 달리,[14] 대다수 책들은 전체적으로 히브리어 본문과 동일한 형태를 갖는다. 감독판이라고 해서 완전히 다른 영화가 아니듯, 그리스어 번역은 외계인의 우주 침략이나 아라비안 나이트에 관한 이야기가 아니므로, 우리가 창세기를 읽으면 그 내용이 창세기인 것을 알 수 있다. 하지만, 구약을 연구하는 학생들이 주목해야 할(앞선 장들에서 소개된) 몇 가

---

[14]　특히 Timothy M. Law, *When God Spoke Greek: The Septuagint and the Making of the Christian Bible* (Oxford: Oxford University Press, 2013), 74-79.

지 중요한 차이점이 있다.[15]

차이가 큰 구절들

가장 잘 알려진 다음 구절들은 길이나 소재의 순서 또는 두 가지 모두
상당한 차이를 보인다.

- 출애굽기 35-40장: 그리스어로 된 성막 이야기는 마소라 본문보다 상
  당히 짧으며 그 배열도 다르다.[16]
- 사무엘상 16-18장: 그리스어로 된 다윗과 골리앗 이야기는 마소라 본문
  에 비해 비교적 압축적이며, 특히 17장과 18장의 더 큰 이야기 부분이
  제외돼 있다.[17] 그 결과 줄거리의 흐름과 세부 사항이 눈에 띄게 다르다.
- 예레미야(외경 추가본 제외): 그리스어의 길이는 마소라 본문보다 8분의
  1가량 짧으며, 여기에 해당하는 장들은 25장 이후 다르게 배열돼 있
  다.[18] 예를 들어, ('새 언약'을 다루는) 유명한 31장은 그리스어에서 실제
  38장이며, 33장에서 발견되는 "공의로운 가지"라는 구절은 그리스어로

---

15 Emanuel Tov, "The Nature of the Large-Scale Differences between the LXX and MT
    S T V, Compared with Similar Evidence in Other Sources," in *The Earliest Text of the
    Hebrew Bible: The Relationship between the Masoretic Text and the Hebrew Base of
    the Septuagint Reconsidered*, ed. Adrian Schenker, SCS 52 (Atlanta: SBL, 2003), 121–
    44; Eugene Ulrich, "The Old Testament Text and Its Transmission," *The New Cam-
    bridge History of the Bible*, vol. 1, *From the Beginnings to 600*, ed. James Carleton
    Paget and Joachim Schaper (Cambridge: Cambridge University Press, 2013), 92.

16 내러티브는 영어로 4,800단어 이하(ESV; 히브리어로 4,000단어 이하)이나, 그리스어로 겨
    우 3,200단어 이하이다. 이는 일찍이 오리게네스 때부터 관찰됐다. *Ep. Afr.* 5.

17 내러티브는 영어로 3,100단어 이하(ESV; 히브리어로 2,500단어 이하)이나, 그리스어로 겨
    우 1,800단어 이하이다.

18 다음을 참고하라. "versification table" Andrew G. Shead, "Jeremiah," *T&T Clark Com-
    panion to the Septuagint*, ed. James K. Aitken (London: T&T Clark, 2015), 418.

아예 존재하지 않는다. 중요한 점은, 쿰란(4QJer^{b,d})에서 발견된 예레미야의 히브리어 파편들이 이 짧고 재배열된 그리스어판을 반영한 듯 보인다는 것이다.

- 에스겔: 그리스어 형태가 마소라 본문보다 5%가량 짧으며 다양한 다른 재배열 구절들(예, 겔 7:1-11)과 짧은 구절들(예, 겔 36:23-28)을 포함하고 있다. 게다가 파피루스 967에서 발견된 그리스어 형태는 36-39장을 다른 순서로 배열하고 있다.

- 욥기: 그리스어 형태는 몇몇 새로운 구절이 포함됐음에도(예, 욥 2:9의 욥의 아내의 말이 더 길다), 마소라 본문보다 6분의 1가량 짧다. 또한 각 인물이 늘어놓는 다양한 연설 구절들이 반복적으로 빠졌거나, 변경됐거나, 재배열됐다.

- 잠언: 그리스어 형태는 몇몇 절이 생략되거나 추가되는 등 전반적으로 마소라 본문과 다르며, 30-31장의 소재들이 다른 곳에 위치돼 있는 등 거시적으로도 재배열됐다.

차이가 작은 구절들

앞서 나열한 정도는 아니지만, 평범한 본문 변형(이후 자세히 다룬다) 이상으로 히브리어 본문과 다른 그리스어 구절들도 있다. 다음과 같다.

- 여호수아 24장: 그리스어는 여호수아의 위상을 높이는 추가 내용을 담고 있다.

- 사무엘상 2장: 한나의 노래는 그리스어, 쿰란(4QSam), 마소라 본문의 모든 형태에서 그 내용과 순서가 각기 다르다.

- 왕상 20-21장: 그리스어 형태에서 장의 순서가 바뀌었다.

- 느헤미야 11장: 히브리어에서 발견되는 몇몇 절이 빠져 있다.

- 시편: 다양한 시편들을 묶거나 나누면서, 시편 10편에서 147편까지 순서가 대략 한 편씩 다르다. 예를 들어, 히브리어로 시편 119편이 그리스어에서는 118편이다[19](보통 그리스어에 해당하는 장번호는 대괄호로 묶어서 표시한다. 예, 시 119[118]).

이런 흥미로운 현상에 대한 모든 것을 설명할 수는 없지만, 두 가지 가설이 가장 주목받고 있다.

하나는 그리스어 번역가들이 접했던 히브리어 본문은 마소라 본문에서 정점을 이룬 주요 전승 바깥에서 회람된 형태였을 것이라는 가정이다. 이는 예레미야를 볼 때 가능성이 있다. 책 자체는 예언자가 두 개의 사본을 만들었으며, 이 중 한 부가 더 길다고(렘 36:32) 인정한다. 아마도 더 짧은 책이 이집트(예레미야가 시간을 보냈던 곳)에서 회람됐고 그리스어 번역을 위해 사용됐을 것이다. 더 긴 책은 유배 이후 바빌로니아나 팔레스타인에서 회람됐고 마소라 학자들이 이를 사용한 듯하다.[20]

다른 하나는 번역가들이 더 주도적이고 의도적으로 히브리어 본문을 재작업했기 때문에, 형태 또는 본문 형식에서 일부 차이를 보인다는 가설이다(4장 참고). 이는 욥기의 경우로, 그리스어 번역가들은 반복적이

---

[19] 더 상세한 설명은 다음을 찾아보라. Karen H. Jobes and Moisés Silva, *Invitation to the Septuagint*, 2nd ed. (Grand Rapids, MI: Baker Academic, 2015), 376-80. 『70인역 성경으로의 초대』(CLC).

[20] 다음에서 제시됐다. Peter J. Gentry, "The Text of the Old Testament," *JETS* 52, no. 1 (2009): 19-45.

거나 불필요한 부분을 줄이기 위해 연설을 신중하게 줄이거나 재배열 했을 가능성이 크다.[21] 또한 만일 번역가가 출애굽기에서 반복되는 성막에 대한 초기 지침들을 다듬고자 했다면, 출애굽기 35-40장을 실명할 가능성도 생긴다.

형태 또는 본문 형식의 차이에 대한 설명은 아직 합의되지 않았다. 이런 현상들은 그 수가 매우 적어서 확실한 문학 발전과 번역 과정 전반을 왜곡 없이 설명하기는 어려우나, 구약을 연구하는 학생이라면 멈춰 서서 깊이 생각해 봐야 한다. 이는 7장에서 다시 살피기로 하자. 성서 책의 이런 그리스어 '감독판' 변형들은 그리스어 구약이 히브리어 전승의 비교 대상일 뿐만 아니라, 그 자체로 흥미로운 연구 대상임을 보여 준다. 예를 들어, 예레미야나 다윗과 골리앗 이야기의 더 짧은 형태들은 오랜 기간 구약 문헌들이 어떻게 사용됐고 재사용됐는지에 대해 흥미로운 통찰을 제시한다.

성서 책들의 본문과 문구

숲에서 나무로 시선을 옮겨 보자. 그리스어 구약은 또한 성서 책들의 본문과 문구를 상세히 이해하는 데 주된 역할을 한다. 이 경우는 (앞서 다룬) 책의 문학적 형태에서 보이는 큰 규모의 차이가 아니라, 원작 위에 다른 녹음을 겹쳐 넣은 '감독판'처럼, 히브리어 번역과 이에 상응하는 그리스어 사이의 구절 및 단어의 차이를 언급한다.[22]

---

21 다음에서 제시됐다. Gentry, "Text," 28; Law, *When God Spoke Greek*, 55. 하지만 일부 학자들은 그리스어 욥기가 마소라 본문에 보존된 본문 대신 다른 히브리어 본문을 사용했다는 주장을 옹호한다.

22 여기서 우리의 관심은 필사 전승에서 벌어진 그리스어 구약 자체의 본문 변형이 아니라

그리스어 구약에서 수없이 발견되는 문구를 거꾸로 히브리어로 번역하면, 마소라 전통(또는 다른 히브리어 전통)에서 발견되는 것과 다르다. 그리스어로 ABCD를 마소라 본문은 ABBD라고 읽을지도 모른다. 이런 차이들 대부분은 이미 다룬 번역이나 본문의 역사와 관련된 이유로 발생하며 히브리어 본문을 의심할 이유는 없다. 그러나 많은 경우, 그리스어 문구가 전통적인 히브리어 본문에서 발견되는 문구보다 진위성 면에서 훨씬 우수하다고 주장할 수 있다. 예를 들어, 그리스어 변형인 ABCD는 마소라 본문에서 읽는 ABBD보다 더 나은 문구일 수 있으며 거꾸로 이를 개정하는 데 사용될 수 있다.[23] 이러한 상황에서 그리스어 구약, 특히 재구성된 고대 그리스어 역본은 마치 기록보관소에서 잃어버린 영상을 찾는 일처럼 시간이 지날수록 분명하게 변화한 초기의 우수한 본문에 접근할 수 있게 해준다. 그리고 그리스어 이문의 진위성에 관한 주장은 다른 곳(즉, 사해문서, 라틴어 불가타, 시리아어 페시타, 아람어, 타르굼)에서 같은 표현으로 확증될 때 더 강화된다.

고대 그리스어가 알려진 히브리어보다 우수한 경우에 대한 논쟁은 수많은 학술 논문에서 풍부하게 나타난다. 보수적으로 본문을 번역하는 ESV가 ('칠십인역' 명칭으로 불리는) **그리스어 구약에서** 문구를 가져와 본문으로 채택하고 마소라 히브리어 문구를 난외주에 넣은 경우도 이런 변형에 대한 감각을 빠르게 파악하는 방법이다(표 5.3 참고). ESV의 난외

(이는 4장 참고), 재구성된 고대 그리스어 역본과 히브리어를 비교하는 데 있다.

23 다음을 참고하라. Emanuel Tov, *The Text-Critical Use of the Septuagint in Biblical Research*, 3rd ed. (Winona Lake, IN: Eisenbrauns, 2015); Anneli Aejmelaeus, "What Can We Know about the Hebrew *Vorlage* of the Septuagint?" *ZAW* 99, no. 1 (1987): 58-89.

표 5.3 '칠십인역' 문구를 채택한 ESV의 구절들

절	히브리어 문구 (ESV 난외주)	'칠십인역' 문구 (ESV 본문)
창세기 47:21	그는 그들을 성읍들로 옮겼다	그는 그들을 종으로 삼았다.
출애굽기 1:22	-	히브리인들에게
출애굽기 8:23	구속하다	구분을 두다
출애굽기 20:18	사람들이 봤다	사람들이 두려워했다
신명기 32:8	이스라엘의 아들들	하나님의 아들들
신명기 32:43a	그의 백성들아 즐거워하라, 오 민족들아; -	그를 즐거워하라, 오 하늘들아. 그 앞에 무릎 꿇어라, 모든 신들아*
신명기 32:43b	-	그는 그를 싫어하는 이들에게 보복하신다
사사기 14:15	일곱째 날	넷째 날
사사기 18:30	므낫세	모세
사무엘상 10:1	주님께서 네게 기름부으사 왕자로 삼지 아니하셨느냐, 그 기업에서.	주님께서 그의 백성 이스라엘을 위해 네게 기름부으사 왕자로 삼지 아니하셨느냐? 그리고 너는 주님의 백성들을 통치해야 할 것이고 그들을 둘러싼 적군의 손아귀에서 그들을 구출할 것이다. 그리고 이것은 주님께서 네게 기름부으사 그 기업에서 왕자로 삼으셨다는 표식이 될 것이다.
사무엘상 14:41	따라서 사울은 주님께, 이스라엘의 하나님께 말했다. "둠밈을 주십시오."	따라서 사울은 말했다. "오 주님 이스라엘의 하나님, 왜 당신은 오늘 당신의 종에게 응답하지 않으십니까? 만일 저나 제 아들 요나단에게 이 죄가 있다면, 오 주님, 이스라엘의 하나님, 우림을 주십시오. 그러나 만일 당신의 백성 이스라엘에게 이 죄가 있다면, 둠밈을 주십시오."
이사야 51:19	어떻게 내가 너를 위로해야 하느냐?	누가 너를 위로하겠느냐?
에스겔 18:17	가난한 자에게	부당하게
스가랴 5:6	눈	부당한 것

* 이 구절들은 사해문서 4Q44에서도 발견된다.

주는 또한 '본문을 설명해 줄 수 있는' 칠십인역의 단어 변화를 인정하지만, 히브리어보다 우선하지는 않는다(예, 창 4:8; 삼상 13:1; 이외 다수).[24]

대다수 영어 번역도 그리스어 구약을 본문 비평적으로 사용할 때 이용 가능한 정보들을 요령 있게 잘 활용하므로, 이는 사실 새로운 소식이 아니다. 그럼에도 불구하고 성서학 학생들은 전통적인 사본이 마소라 전통에 보존되지 않은 경우 히브리어 본문을 복원할 때 그리스어 구약이 중요한 역할을 한다는 사실을 알아야 한다.

간추린 말

일부 학자들은 이런 관찰을 조사한 후 "성서 본문은 다양성이 특징"이며 이런 정보는 "현대 성서를 읽음으로써 얻는 안정된 인상을 약화한다"라고 결론짓는다.[25] 이는 너무 과장된 견해이다. 위에서 언급한 여섯 가지 주요 문학적 형태의 차이는 전체 구약의 5% 미만인 부분에서 나온 것이다.[26] 그리고 수많은 문구의 변화에도, 대다수 비평 학자들조차 고대 그리스어 역본을 히브리어보다 우수하게 여기는 횟수가 상대적으로 적다고 평가한다. 히브리어와 그리스어 전통 모두에서 증명된 구약 책들의 전반적인 형태와 구체적인 문구는 놀라울 정도로 일관되며 안정적이다.

그럼에도 학생, 목회자 또는 평신도가 성경 공부를 준비할 때 그리스

---

24   ESV 서문(2001년 편집판)을 인용했다.

25   Law, *When God Spoke Greek*, 44-45; similarly, Møgens Müller, *The First Bible of the Church: A Plea for the Septuagint*, JSOTSup 206 (Sheffield: Sheffield Academic Press, 1996), 100-104.

26   우리는 해당 영역(예, 삼상 16-18장)의 히브리어 단어를 합산한 후 구약성경의 전체 히브리어 단어 수로 나누어 이 비율을 계산했다.

어 구약에 주의를 기울인다면 유익이 클 것이다. 본문의 편차가 크든 작든, 가르치거나 설교해야 할 본문을 확인하는 핵심 단계와 관련이 있을 수 있다. 실제로 대다수 영어 번역이 **이미** 이렇게 하고 있다는 사실은 난외주를 완전히 무시할 수 없다는 것을 의미한다. 평신도 교육에 참여하는 이들은 구약이라는 큰 지붕 아래 일어나는 일들을 더 잘 다룰 수 있어야 하며, 성경 독자들이 난외주에서 '칠십인역'을 발견하고 질문했을 때 이를 명확히 설명할 줄도 알아야 한다.

구약의 초기 해석

3장에서 다루었듯, 한 언어에서 또 다른 언어로 글을 번역하는 것은 원본 자료의 단어를 도착어에 맞춰 기계적으로 하나씩 옮기는 작업보다 훨씬 복잡한 일이다(AI 번역이 종종 실망스러운 이유이다). 유려한 번역을 하려면, 먼저 원문을 **이해해야 한다.** 즉, 번역가의 작업에는 항상 어느 정도의 해석이 포함된다.

이는 그리스어 구약에도 확실히 해당되는 점으로, 그리스어 구약은 오늘날 또 다른 층위의 의미가 있다. **그리스어 번역은 히브리 성서에 대한 초기 해석을 제공하고, 특히 유대 신학이 발전했던 중요한 시기의 유대 신학을 이해하는 데 도움을 준다.** 이런 종류의 '주석'은 신약 시대의 일차적 배경인 유대인 세계를 들여다볼 수 있는 귀중한 창이다.[27]

---

27 '주석'으로서의 그리스어 구약에 대해서는 다음을 참고하라. Martin Hengel, *The Septuagint as Christian Scripture: Its Prehistory and the Problem of Its Canon*, OTS (Edinburgh: T&T Clark, 2002), xi; Sidney Jellicoe, *The Septuagint and Modern Study* (Oxford: Clarendon, 1968), 316.

난해한 히브리어에 대한 통찰

현대 독자들은 수많은 구절에서 히브리어의 의미를 파악하는 데 어려움을 겪었다.[28] 이런 경우, 그리스어 번역은 당시 일부 유대인 독자들이 난해한 구절을 어떻게 이해했는지에 대한 관점을 제공하기도 한다. 몇 가지 예시를 통해 살펴보자.

창세기 1:2

창세기 1:2에서 원시 창조를 묘사하는 히브리어 형용사 '토후'[tohu]와 '보후'[bohu]("형체가 없고 공허한")의 정확한 의미는 여전히 논쟁 중이다. 고대 그리스어 역본의 번역가들은 이 두 단어에 접두사 **알파**를 사용해 (그리스어로 '아오라토스'[aoratos]와 '아카타스케바스토스'[akataskeuastos]) "눈에 보이지 않고 완전하지 않은"으로 번역함으로써 창조 세계가 무엇이 **아니었는지**를 묘사하며, 이는 하나님의 다음 창조 행위로 해결된다.[29]

출애굽기 34:29-30

창세기 34:29-30에서 모세가 하나님과 대화 후 시내 산에서 내려올 때, 그의 얼굴에서 나는 광채를 '뿔'에서 파생된 희귀한 히브리어 동사('카란'[qaran])를 사용해 묘사한다. 르네상스 시대 일부 예술가들은 이 단어를 혼동하여 실제로 모세의 머리 위에 뿔을 표현하기도 했다. 하지만 고대 그리스어 역본의 번역가들은 "영화롭게 하다"라는 단어를 사용해

---

28   "히브리어의 의미가 불확실하다"라는 주석은 이를테면 ESV 같은 곳에서 흔하지 않다. (예, 사 10:27; 27:8; 렘 5:26; 8:7, 13, 18; 15:11).

29   골 1:16은 같은 방식으로 '아오라토스'[aoratos]를 사용한다.

모세에게 일어난 일을 더 적절히 묘사한다.[30]

이사야 42:1

학자들은 이사야의 유명한 종의 노래에 나오는 '종'의 정체에 대해 오랫동안 에티오피아 내시(행 8:34)를 따라 이해했다. 이사야 42:1의 히브리 전승은 종이 누구인지 대답하는 대신, "나의 종" 또는 "나의 택함 받은 자"라고만 언급한다. 하지만 고대 그리스어 역본의 번역가들은 앞에는 "야곱", 뒤에는 "이스라엘"을 덧붙여, 명백히 하나님 백성의 공동체를 가리키는 노래로 받아들인다.

호세아 6:7

호세아 6:7의 "그들은 '케아담'[ke'adam] 언약을 어기고"에서 히브리어 단어는 오랜 시간 논쟁을 겪는 중이다. 이는 창세기 2장에서 언약을 어긴 아담의 행위를 일컫는 것일까 아니면 단순히 계속되는 인류의 범법을 일컫는 것일까? 거의 모든 현대 영어 번역은 '아담처럼'(예, ASV, CSB, ESV, NASB, NIV, RSV; 국역은 개역개정, 개역한글, 표준새번역, 새번역, 공동번역 개정-역주)으로 읽지만, KJV는 '사람들처럼'이라고 읽는다. 고대 그리스어 역본의 번역가는 '사람처럼'('호스 안트로포스'[bōs anthrōpos])이라는 후자의 견해를 취한다.[31] 이 히브리어 구절에 대해 현대 독자와 그리스어 번역가의 견해가 일치하지 않더라도, 이런 정보는 수 세기 전 유대

---

30 이런 번역은 곧 고후 3:7-15에서 이 장면을 다룬 바울의 논의에 영향을 미쳤다.

31 그리스어 번역가들이 다른 곳에서 '아담'을 사람으로 언급할 때는 보통 음역(그리스어로 '아담'[adam])대로 사용된다.

인의 해석에 대한 통찰력을 제공한다는 점에서 여전히 유용하다.

동시대적인 적용

3장에서 소개했듯, 그리스어 구약의 흥미로운 특징 중 하나는 번역가들이 효과적으로 '[그들] 자신의 시대, 자신의 공동체에서 예언이 실현'되도록, 종종 히브리어 본문의 문구를 현재 상황에 맞춰 수정하곤 했다는 점이다.[32] 앞서 다룬 구절들 외에도 이런 관행을 엿볼 수 있는 구절들이 더 있다.[33] 출애굽기 1:11에서 번역가는 "그곳은 헬리오폴리스이다"라고 덧붙여 당시 도시의 이름을 분명히 한다. 신명기 23:18의 매춘부를 취하지 말라는 명령에는 "여자 마술사는 안 된다"와 "입회자는 안 된다"를 덧붙이는데, 이는 당시 이집트의 신비주의 숭배를 염두에 둔 명령이었을 것이다. 여호수아 10:2은 히브리어의 "왕도"를 그리스어의 "대도시"로 바꿔 번역한다. 이사야 9:11과 66:19에도 외적과 그 영토를 상대적으로 표현하기 위해 ("블레셋" 대신) "그리스인"과 "그리스"라는 용어가 사용된다.

이런 구절들 자체는 해석에 심각한 영향을 미치지 않으며 본문 비평에서 많은 비중을 차지하지도 않는다. 오히려 오늘날 '바빌로니아'를 '현대의 이라크'로 설명하는 것에 가깝다. 그러나 이런 구절은 유대 번역가들이 동시대 독자들을 이해시키기 위해 얼마나 애쓰며 히브리어를 설

---

32 Abi T. Ngunga and Joachim Schaper, "Isaiah," Aitken, *T&T Clark Companion to the Septuagint*, 406.

33 다음을 참고하라. Martin Rösel, "Translators as Interpreters: Scriptural Interpretation in the Septuagint," *A Companion to Biblical Interpretation in Early Judaism*, ed. Matthias Henze (Grand Rapids, MI: Eerdmans, 2012), 64-91.

명하고 적용했는지 보여 준다. 이런 신념은 오늘날뿐만 아니라 신약시대에도 공유되었다.

신학적 주석

번역가들은 비록 때로 미세하더라도 히브리어 문구를 의도적으로 이탈해 그들의 신학을 전개했다.[34] 그리스어 번역가들은 대개 그들이 가진 원문을 고수했지만(3장 참고), 하나님에 대한 그들의 견해가 빛을 발하는 틈은 분명 존재한다.

하나님에 대한 은유

히브리 성서는 풍부한 은유로 눈에 보이지 않는 이스라엘의 하나님을 표현하며, 종종 그분을 인간의 속성(예, '손', '발')이나 물질세계의 사물(예, '탑', '방패')을 들어 묘사한다. 그리스어 번역가들은 이런 언어를 경시한 듯하다. 학자들은 정확한 이유에 대해 논쟁하지만, 적어도 이집트에 머문 번역가들의 목표는 이집트의 만신들과 새, 소, 태양, 달 등과의 관계에서 참 하나님을 분리하려는 것이었을 수 있다. 가장 두드러진 예는 히브리어로 수십 번 등장하는 "하나님은 나의 반석" 은유가 그리스어 번역으로는 '반석'(그리스어로 '페트라'[petra])을 사용하지 않은 채 거의 일

---

34 이런 편차를 연구하려면 가장 초기의 가장 진본에 가까운 히브리어를 재구성하고 그리스어 번역이 의도적으로 이탈했음을 입증해야 한다. 따라서 이런 분석의 복잡성 때문에 신학적 해석이 들어갔을지 모를 많은 구절이 논쟁을 겪는 중이다. 하지만 여기서 제시한 구절들은 널리 동의를 얻었다. 칠십인역의 '신학'이란 개념 자체는 여전히 논쟁 중이다. 다음을 참고하라. Hans Ausloos and Bénédicte Lemmelijn, "Theology or Not? That's the Question: Is There Such a Thing as 'the Theology of the Septuagint'?," *The Theology of the Septuagint*, ed. Hans Ausloos and Bénédicte Lemmelijn, LXX.H 5 (Gütersloh: Gütersloher Verlagshaus, 2020), 19-45.

관되게 번역된 것이다. 때로 번역가들은 '반석' 대신 단순히 '하나님'(그리스어로 '테오스'[*theos*])을 사용하지만(예, 신 32:18; 시 18[17]:32; 사 30:29), '돕는 분'이나 '보호하는 분' 같은 다른 단어를 사용하기도 한다(예, 시 18[17]:3; 89[88]:27; 사 26:4).[35]

하나님의 이름

히브리어로 된 하나님의 이름을 번역한 것 또한 흥미롭다. 출애굽기 3:14의 가장 유명한 이름인 "나는 곧 나다"는 히브리어를 정확하게 표현하는 방식에 대해 많은 논쟁을 남겼다. 고대 그리스어 역본은 이를 "나는 존재하는 자이다"('에고 에이미 호 온'[*egō eimi ho ōn*])라고 번역했다. 이는 설득력 있는 히브리어의 번역일 뿐만 아니라, 이스라엘의 하나님은 스스로 존재하는 모든 존재의 근원이라는 유대 개념을 잘 반영한다. 그분은 그야말로 '존재하는 분'이시다. 다른 신적 이름은 어떻게 번역됐는지 역시 살필 가치가 있다. 천사군대를 일컬을 가능성이 큰 히브리어의 "만군의 주님"('체바오트'[*tsevaʾoth*])은 전형적으로 "전능하신 주님"(그리스어로 '판토크라토르'[*pantokratōr*])으로 번역되며, 이는 이스라엘 하나님의 전적인 주권을 나타낸다. "지극히 높은"(히브리어로 '엘리온'[*elyon*])은 제우스 같은 이교 신들에게 종종 사용됐던 그리스어 용어 '휩시스토스'[*hypsistos*]로 번역되며, 아마도 거짓 신들에 반대하는 일종의 대립을 미묘하게 담았을 수 있다.

---

35 Staffan Olofsson, *God Is My Rock: A Study of Translation Technique and Theological Exegesis in the Septuagint*, ConBOT 31 (Stockholm: Almqvist & Wiksell, 1990).

신학적 규명

일부 구절은 번역가들이 히브리어 원문에서 인식한 신학적 문제를 바로 잡으려고 한 시도를 분명히 보여 준다(이것의 필요성과 성공 여부는 논점에서 벗어난다).[36] 예를 들어, 창세기 2:2의 그리스어는 창조 기사를 흥미롭게 수정한다. 히브리어는 이를 하나님이 "그의 일을 **일곱 째** 날에 마치시고" 그다음에 쉬셨다고 읽는다. 고대 그리스어 역본은 하나님이 "그의 일을 **여섯 째** 날에 마치시고" 그다음에 쉬셨다고 읽는다. 번역가는 하나님이 일곱 째 날에 **일하셨다**는 오해를 가능한 한 줄이기 위해 이를 여섯 째 날로 바꾼 듯하다.[37] 또 다른 예는 출애굽기 15:3으로, 고대 그리스어 역본의 번역가는 히브리어로 "주님은 용사이시다"를 "주님은 전쟁을 끝내는 분이시다"로 바꿔 말한다. 하나님이 폭력적으로 보일 것을 염려한 듯하다.[38] 고대 그리스어 역본의 번역가는 또한 민수기 25:2에서 복수형인 '신들'(히브리어로 '엘로힘'[*elohim*])을 '우상들'(그리스어로 '에이돌로이'[*eidōloi*])로 번역해 그들의 지위를 낮추고 오해의 가능성을 제거하는 등 유일신에 민감함을 보여 준다(동일한 히브리어 단어가 이스라엘의 하나님에게도 사용될 수 있기 때문이다). 마지막으로 번역가들은 히브리어 단어 '제단'('미즈베카'[*mizbeakh*])을 하나님을 위한 참된 제단인 '튀시아스테리온'[*thysiastērion*]과 이교 신들의 거짓 제단인 '보모스'[*bōmos*]라는 서로

---

36 이런 신학적 '규명'에 관해 다음을 참고하라. Martin Rösel, "Towards a Theology of the Septuagint,'" *Septuagint Research: Issues and Challenges in the Study of the Greek Jewish Scriptures*, ed. Wolfgang Kraus and R. Glenn Wooden, SCS 53 (Atlanta: SBL, 2006), 239-52.

37 Jellicoe, *Septuagint*, 321-22; Mark W. Scarlata, "Genesis," Aitken, *T&T Clark Companion to the Septuagint*, 19.

38 Rösel, "Translators as Interpreters," 86-87.

다른 두 개의 그리스어로 번역하여 어떤 '제단'이 어떤 것인지 혼동을 방지하고자 하는데, 굉장히 일관적으로 각 번역어를 사용한다.

이런 사례들을 '옳은' 번역이라고 할 필요는 없다. 다만 구약의 의미를 풀어 이를 그리스어로 담아내면서 고려하지 않을 수 없었던 번역가 자신의 신학이 확실히 드러나는 지점이다.

메시아적 주석

마지막으로, 기독교 시대 이전 유대 메시아사상의 발전에 대한 대부분의 연구는 사해문서, 위경, 외경에 초점을 맞춘다.[39] 그러나 그리스어 구약 또한 주목할 가치가 있다. 이따금 그리스어 번역가들은 메시아 이념이 미묘하게 반영되도록 히브리어 원문을 슬쩍 변형하기도 했다.[40]

창세기 49:10

창세기 49:10에서 유다를 향한 야곱의 축복을 히브리어로 읽으면 다음과 같다.

> 그 홀이 유다를 떠나지 않을 것이며,
>
> 지휘봉이 그의 발 사이에서 떠나지 않을 것이다. (ESV)

---

39 학술 문헌을 이곳에 요약하기는 너무 광범위하다. 다음을 참고하라. Gregory R. Lanier, *Corpus Christologicum: Texts and Translations for the Study of Jewish Messianism and Early Christology* (Peabody, MA: Hendrickson, 2021).

40 Michael A. Knibb, ed., *The Septuagint and Messianism*, BETL 195 (Leuven: Peeters, 2006); Johan Lust, *Messianism and the Septuagint: Collected Essays*, BETL 178 (Leuven: Peeters, 2004).

그리스어 번역가는 은유를 의인화하여 "홀"을 "통치자"(그리스어로 '아르콘'[archōn])로, "지휘봉"을 "지휘관"(그리스어로 '헤구메노스'[hēgoumenos])으로 대체했다. 이는 아마도 예언을 메시아적으로 해석한 수많은 다른 유대 문헌의 토대가 됐을 것이다.[41]

민수기 24:7, 17

발람의 유명한 '별' 신탁을 다룬 고대 그리스어 역본에도 비슷한 변형이 등장한다. 그리스어 번역가는 민수기 24:7의 "그의 물통에서 물이 넘쳐 날 것이다"라는 난해한 히브리어를 "그의 후손에서 한 사람(그리스어로 '안트로포스'[anthrōpos])이 나올 것이다"라고 대체한다. 그 후 민수기 24:17에서 히브리어가 이스라엘에서 일어나는 "홀"(창 49:10처럼)을 언급할 때, 번역가는 다시 한번 "사람"으로 읽는다. 이 구절은 유대 메시아사상이 발전하는 데 큰 영향력을 미친 것으로 보이며,[42] 그리스어로 소개된 종말의 "사람"은 이 그림에서 핵심을 차지한다.

이사야 28:16

이사야 28:16의 "돌" 구절은 (시 118[117]:22; 이사야 8:14과 더불어) 신약에서 상당히 중요해지지만, 이러한 메시아적 궤적은 그리스어 번역가

---

41   예, 4Q252; 1 Macc. 3:1-9; Philo, *Mos.* 1.289-91; Targum Onqelos (해당 구절); 몇몇 랍비 문헌들.

42   Helen R. Jacobus, "Balaam's 'Star Oracle' (Num 24:15-19) in the Dead Sea Scrolls and Bar Kokhba," *The Star of Bethlehem and the Magi: Interdisciplinary Perspectives from Experts on the Ancient Near East, the Greco-Roman World, and Modern Astronomy*, ed. Peter Barthel and George H. van Kooten, TBN 19 (Leiden: Brill, 2015), 399-429.

로부터 시작한 듯 보인다. 히브리어는 시온에서 "돌"을 약속한 후, "믿는 이는 누구든지 서두르지 않을 것이다"(ESV)라고 읽는다. 하지만 고대 그리스어 역본은 여기에 "**그를** 믿는 이는 누구든지"라고 믿음의 대상을 덧붙인다. 믿음의 대상으로서 돌을 의인화한 것, 즉 구약에서 시온의 종말론적 중요성과 돌을 결합한 것은 번역가가 '돌'을 메시아적 은유로 이해했음을 암시한다.[43]

선재의 흔적

히브리 성서는 메시아적 구원자의 선재에 대해 많은 말을 하지는 않지만, 적어도 두 개의 고대 그리스어 용어를 보면 이 사상이 유대교 안에서 발전하고 있었음을 알 수 있다. 첫째로, 시편 72[71]:1에서 왕을 높인 다음 17절에 나오는 히브리어 진술이다.

> 그의 이름은 영원히 지속되며,
>
> 그의 명성은 해와 같이 계속되소서. (ESV)

하지만 고대 그리스어 역본은 두 번째 구절을 "그의 이름이 해**보다 앞서** 계속되소서"라고 바꾸었다. 아마도 시간을 지시할 방식으로 그리스어 '프로'[pro]를 사용한 듯하다. 비슷한 특징이 시편 110[109]:3에서 발견된다. 히브리어는 수수께끼 같은 용어들로 왕을 말한다.

---

43   Jaap Dekker, *Zion's Rock-Solid Foundations: An Exegetical Study of the Zion Text in Isaiah 28:16*, OtSt 79 (Leiden: Brill, 2007).

그 아침 모태에서부터

　네 젊음의 이슬은 네 것이리라. (ESV)

하지만 다시 한번 창조 이전 존재를 가리키는 듯, 그리스어는 "모태에서부터, 새벽별이 뜨기 전에, 내가 너를 낳았다"라고 읽는다.[44]

다니엘 7:13

다니엘 7:13-14에서 "사람의 아들 같은 이"라는 천상의 환상은 구약에서 매우 중요한 구절이다. 지면 관계상 유대교와 복음서에서 "사람의 아들"에 관한 논쟁은 다룰 수 없다. 여기서 가장 흥미로운 부분은 "그는 태곳적부터 계신 이에게 왔다"(ESV)라는 (아람어) 구절이다. 다른 그리스어 번역들은 이 인물이 태곳적부터 계신 이'에게' 또는 '앞에'('헤오스'[*heōs*]) 왔다고 하는 반면, 고대 그리스어 역본은 "그는 태곳적부터 계신 이**처럼**('호스'[*hōs*]) 왔다"라고 읽는다.[45] 단순한 필사 오류였는지는 여전히 논쟁 중이지만, 근본적으로 "태곳적부터 계신 이"와 "사람의 아들"을 결합한 이런 해석은 유대 메시아주의와 신약성경에 모두 영향을 미쳤을 것이다.[46]

44　그리스어 시편에 담긴 메시아주의에 대해 다음을 참고하라. Joachim Schaper, *Eschatology in the Greek Psalter*, WUNT, 2nd ser., vol. 76 (Tübingen: Mohr Siebeck, 1995). Cf. Mic. 5:2[1]. 여기서 베들레헴의 목자이자 왕은 그리스어로 다음과 같이 묘사된다. "그의 나오심은 태초부터, 영원의 날들로부터이다."

45　이런 독해는 랄프스-한하르트 역본(Rahlfs-Hanhart edition)에서 나타나며 모든 고대 그리스어 사본들에서도 발견된다(특히 파피루스 967). 그러나 괴팅겐 역본은 이를 "에게"('헤오스'[*heōs*])로 수정해 실었다.

46　이런 영향은 계 1:13-14에서 "태곳적부터 계신 이"의 속성을 "사람의 아들 같은 이"에 적용하는 방식은 물론, 에녹 1서 48.2-3과 에스라 4서 13.25-26에 나온 천상에 선재하는

그리스어 구약 안에 실린 이른바 메시아주의화된 구절을 더 언급할 수 있지만(예, 창 3:15의 "그", 그리스어로 '아우토스'[*autos*]), 이 정도로 충분하다. 사해문서 같은 문헌들과 더불어 그리스어 구약의 일부 번역상의 결정은 신약 시대로 이어지는 메시아사상을 이해하는 데 도움을 준다.

간추린 말

그리스어 구약은 초기 유대 공동체들이 어떤 시각으로 성서를 해석했는지 알려 준다. 그들은 어려운 히브리어와 씨름했으며, 동시대 청중들이 알아들을 수 있는 방식으로 고대 문서를 전달했고, 신학적이고 메시아적인 사상을 삽입해 유대교 안에서 발전시켰다. 그러므로 성서를 연구하는 학생들이 성경에 관한 초기 유대 주석으로서 그리스어 구약에 접근한다면, 초기 교회에 전달된 유대 세계와 구약을 더 잘 이해할 수 있을 것이다.

끝맺으며

이번 장에서 우리는 구약 연구에서 '칠십인역'의 중요성을 세 가지 핵심 영역에 주목해 더 실질적으로 살펴보았다.

일부 『반지의 제왕』 독자들이 『실마릴리온』과 같은 출판물을 톨킨 정본으로 취급하는 것과 마찬가지로, 추가 그리스어 책들(예, 마카베오 1서[상])과 추가된 본문들(예, 수산나, 다니엘 추가본)은 그리스어로 된 유대 종

"사람의 아들"에 반영됐을 수 있다. 다음을 참고하라. R. Timothy McLay, *The Use of the Septuagint in New Testament Research* (Grand Rapids, MI: Eerdmans, 2003), 155-59.

교 사본과의 관계로 인해 로마가톨릭교회와 정교회에서 정경으로 받아들여진다. 따라서 기독교 세계 안에서 구약의 경계가 다른 이유를 궁금해하는 학생이라면 그리스어 전승에 대해 반드시 알아야 한다.

우리는 또한 두 형태가 있는 예레미야처럼, 때로 정경 히브리어 책들의 그리스어 번역이 일종의 '감독판' 역할을 하는 방식을 다루었다. 이러한 차이점은 그리스어가 히브리어를 대체해야 함을 의미하는 것은 아니며, 그러한 책이 저술된 후 수 세기 동안 마소라 본문이 안정화되기 전에는 대체 본문 형식이 사용되었음을 의미한다. 그럼에도 오늘날 주로 사용되는 마소라 본문보다 더 오래된 그리스어 번역본들이 절이나 단어 수준에서 훨씬 뛰어난 본문 형태를 제공하는 경우가 있다. 따라서 히브리 성서의 문구를 이해하고 때로 재구성하기 위해 그리스어 구약은 연구할 가치가 있다.

마지막으로, 번역의 역동성 때문에 그리스어 구약을 연구하는 학생들은 특히 알려진 히브리어에서 벗어난 그리스어 번역을 연구하면서 유대 해석 원리, 신학, 메시아사상에 대한 통찰을 얻을 수 있다.

그러나 이는 구약에서만 중요한 문제가 아니다. 알려진 히브리어에서 종종 벗어난 형태의 그리스어 번역이 회람되었고, 그중에 일부가 신약시대 이전 유대인의 신앙을 들여다볼 수 있는 창이라면, 그리스어 구약은 신약 연구에도 큰 의미가 있다. 6장에서 이 주제를 다루어 보겠다.

6장

신약 연구에서
칠십인역은 왜 중요한가?

히브리 성서의 그리스어 번역은 구약을 연구하는 관점에서 큰 의미가 있지만, 다른 방향에서도 밀접한 관련이 있다. 사실 많은 이는 신약을 공부하는 중에, 특히 구약을 인용한 문구에서 '칠십인역'의 흔적을 처음 마주한다. 이러한 성서학도들에게 신비로운 '칠십인역'은 완전히 새로운 세계로 들어가는 일종의 관문이다.[1]

이번 장의 목표는 이런 세계의 지형 중 일부를 그려 내는 데 있다. 그리스어 구약이 다음 세 가지를 이해하는 데 얼마나 필수적인지 살펴볼 것이다.

1. 초기 기독교의 '성서': 그리스어 구약을 신약 저자들과 초기 교회의 '회

---

[1] Martin Hengel이 언급하길 "신약 주석가는…처음으로 칠십인역 전체의 문제를 보다 철저하게 다루었고, 경이로 가득 차서 자신이 얼마나 미지의 영역(terra incognita)으로 들어왔는지 재빠르게 알아챘다." *The Septuagint as Christian Scripture: Its Prehistory and the Problem of Its Canon*, OTS (Edinburgh: T&T Clark, 2002), 19.

중 성경'이라고 부르는 것은 어떤 의미에서 적절한가?

2. 신약의 언어: 구약의 그리스어 번역들은 어떻게 신약 저자들의 문체와 어휘를 형성했을까?

3. 신약에서 사용된 그리스어 구약: 신약 저자들은 성경을 인용할 때 그리스어 구약과 어떻게 상호작용하는가?

달리 말해, 신약 시대에 그리스어 구약이 어떻게 두각을 나타냈는지 조사하고, 이어 그것이 신약에 영향을 미친 두 가지 방식을 살피고자 한다. 이런 질문들에 대답하다 보면 신약 자체를 연구하는 데 그리스어 구약성경이 얼마나 그리고 왜 중요한지 더 선명하게 이해할 수 있을 것이다.

초기 기독교의 '성서'

"어떤 성경을 사용하나요?" 교회 방문자가 자주 묻는 말이다. 교회의 성경은 그 교회에 대해 많은 것을 말해 준다. 그러나 대답하기 복잡한 질문일 수 있다. 목회자는 설교에서 다른 역본을 인용할 때도 있지만, 보통은 한 가지 역본으로 설교하며, 아마 그 역본이 그 교회의 회중 성경일 것이다. 그러나 교인들은 각자 다른 번역본을 사용할 수도 있고 심지어 다른 언어의 성경을 또는 다양한 방식을 통해(앱, 하루 한 절 이메일, 경건 서적, 오디오 성경, 점자 성경, 암기 등) 성경에 접근할 수도 있다. 어느 주일, 강단에는 NIV가, 누군가의 태블릿 PC에는 스페인어 성경이, 가장 뒷줄에는 너덜너덜해진 KJV가 있을 수 있다. 현대 교회에서 일상적인 성경을 결정하기란 복잡한 작업이다.

고대 교회로 눈을 돌려도 상황은 비슷하다. 초기 기독교를 이해할 때 구약의 그리스어 번역들도 대단히 중요하게 다뤄져야 한다. **어떤 의미에서 이 전서(corpus)는 신약 저자들과 초기 교회의 지배적인 '회중 성경'이었다고 할 수 있지만, 복잡한 상황을 이해해야 한다.**[2] 이를 구체화하면서, "칠십인역은 신약 저자들의 성서였다.…칠십인역이 교회의 공식 성서로서 채택되자 곧 기독교 공동체들 안에서 전파됐다"[3] 라는 흔한 오해를 경계하고자 한다. 이 개념의 근간이 되는 핵심을 살펴보고, 초기 그리스도인들이 구약에 접근했던 다양한 수단을 통해 '칠십인역'이 신약 교회의 **바로 그** '공식 성서'라고 과장할 수 없는 이유를 보여 주고자 한다.

그리스어 사용자와 그리스어 '성서'

자료에 따르면, 신약 저자들을 포함한 초기 그리스도인들은 실제로 그리스어로의 광범위한 변화의 일환으로 구약의 그리스어 번역들을 널리 사용했다.

2장에서 다루었듯, BC 300년대 이후 유대 공동체는 상당히 많은 분야에서 고전 시대 이후 그리스어(postclassical Greek)를 채택해 사용했다. 그리스어가 팔레스타인 안팎의 유대 세계를 침투해 간 범위는 구약

---

2 이 부분에서 '성경'은 주로 구약을 일컫는다. 이 단어를 단수형으로 사용하는 것이 1세기에 맞지 않는 표현일 경우 작은따옴표로 표시했다.

3 Natalio Fernández Marcos, *The Septuagint in Context: Introduction to the Greek Version of the Bible*, trans. Wilfred G. E. Watson, 2nd ed. (Leiden: Brill, 2000), 338. 비슷하게, Martin Hengel이 쓰길, "칠십인역을 성경으로 사용한 것은 교회 자체만큼이나 실제 오래됐다." *Septuagint*, 22. And Møgens Müller remarks, "교회는…구약 책들의 그리스어 번역을 성서의 참된 표현으로 여겼다." *The First Bible of the Church: A Plea for the Septuagint*, JSOTSup 206 (Sheffield: Sheffield Academic Press, 1996), 143.

의 그리스어 번역 자체 및 다른 유대 문학(예, 필론, 요세푸스, 일부 위경), 명문, 파피루스(예, 사업 거래 영수증, 편지), 그리고 개인의 이름에서 확인할 수 있다.[4]

그렇다면 유대교에서 태어난 예수의 추종자들이 초기 운동에서 그리스어 사용에 개방적이었다는 사실은 놀랍지 않다. 바울 같은 유대계 그리스도인들은 적어도 히브리어를 알고 있었지만 그리스어로도 완전하게 소통할 수 있었다(행 21:40; 22:2). 사도 무리는 두 개의 이름, 즉 셈어 이름과 그리스어 이름을 사용했으며,[5] 두 사도는 그리스어 이름을 사용했다(빌립과 안드레). 예수 시대에도 데가볼리 같은 그리스 지역의 사람들이 그의 말을 들으러 온 것을 보아(마 4:25; 비교, 요 12:20), 소통을 위해 그리스어 사용은 어느 정도 필수였다. 일부 유대계 교회들은 아람어나 히브리어를 계속해서 배웠으나, 비유대 그리스도인들이 빠르게 유입되면서 스데반과 아볼로 같은 그리스인 개종자들이 주도하는 그리스어 사용 교회가 꽤 이른 시기에 등장했다(행 6장). 그리고 그리스어로 기록된 신약 문헌은 사도 운동의 언어 선호도를 지속적으로 보여 준다. 카이사르가 지배하는 그리스 세계였으므로, 대다수 초기 그리스도인은 그리스어를 사용했다.

따라서 한국어를 사용하는 교회의 목회자가 주일 설교에서 포르투갈어 대신 한국어 성경을 인용하듯, 유대 출신이든 이방인이든 그리스어를 사용하는 그리스도인들이 그리스어 '성경'을 기본으로 사용하는 것

---

4   Martin Hengel, *Judaism and Hellenism: Studies of Their Encounter in Palestine during the Early Hellenistic Period*, trans. John Bowden, 2 vols. (Philadelphia: Fortress, 1974).

5   예를 들어, 사울/바울, 레위/마태, 시몬/베드로, 유다/다대오, 요한/마가, 요셉/유스도.

은 당연한 일이다.

우리는 이를 사도인 저자들에게서 가장 먼저 확인할 수 있다. 신약은 어느 성경 판(version)을 사용했는지 명확하게 언급하지 않으나, 그들의 인용 패턴에서 통찰을 얻을 수 있다. 신약이 그리스어로 기록됐음을 고려한다면, 구약을 인용한 부분도 모두 분명히 그리스어로 기록됐을 것이다. 그러나 훨씬 중요하면서도 덜 분명한 점은, 신약에 인용된 구약의 상당수가 다수의 고대 그리스어 역본에서 발견된 문구를 있는 그대로 (또는 거의 비슷하게) 따랐다는 점이다.[6] 따라서 알려진 히브리어와 고대 그리스어 역본이 구절의 형태에서 실제적인 차이가 없는 상황, 그리고 서로 달랐으나 신약 저자가 고대 그리스어 역본을 따랐을 상황(아래에서 다시 설명할 것이다) 모두를 고려할 수 있다. 어느 경우이든, 밀접하게 상응하는 문구들은 신약 저자들의 주된 인용 자료가 고대 그리스어 역본이었음을 알려 준다. 실제로 누가와 히브리서의 저자 등은 거의 오로지 그리스어 구약만 사용한다. 사도들이 그리스도를 구약의 성취로서 선포할 때, 그들의 청중이 이미 널리 사용했던 그리스어 형태를 따른 것은 전략적으로도 의미 있었을 것이다.[7]

신약에서 레위기 19:18을 일곱 번 인용한 경우가 이 점을 잘 보여 준다(마 19:19; 22:39; 막 12:31; 눅 10:27; 롬 13:9; 갈 5:14; 약 2:8). 다섯 명의 저자가 레위기 19:18을 인용하지만, 인용문마다 문구가 일치하며, 각 문

6   신약 인용문들과 구약 출처(히브리어, 칠십인역 등)가 일치하는 비율을 수량화한 시도에 대해 다음을 참고하라. Gleason Archer and Gregory Chirichigno, *Old Testament Quotations in the New Testament* (Chicago: Moody Press, 1983), xxv-xxxii; Fernández Marcos, *Septuagint in Context*, 324.

7   Archer and Chirichigno, *Old Testament Quotations*, ix.

구는 고대 그리스어 역본과도 **정확히** 일치한다. 저자들 중 누구도, 심지어 복음서 내러티브에서 화자가 레위기를 셈어 형태로 인용했을 법한 곳에서도 직접 히브리어를 번역하거나 그리스어 번역을 다르게 바꿔 제시하지 않는다. 오히려, 그들은 모두 정확히 같은 고대 그리스어 역본의 본문을 인용한다.

또한 속사도 시대에 그리스어를 사용한 교부들 사이에서 그리스어 구약이 광범위하게 사용된 것을 볼 수 있다. 교회가 점차 유대 뿌리에서 멀어지면서, 히브리어 구사력은 통례가 아니라 이례적인 경우(예, 오리게네스, 히에로니무스)가 되었고, 그리스어는 대다수 교회가 구약에 접근할 수 있는 유일하고 실질적인 대안이 됐다. 유스티누스, 알렉산드리아의 클레멘스, 이레나이우스는 그리스어 구약을, 특히 그들이 '칠십인역'이라고 부른 고대 그리스어 역본의 본문을 자주 사용한다.[8]

결국 구약의 그리스어 번역(종종 고대 그리스어 역본으로 알려진 본문)이 그리스어를 사용한 많은 그리스도인들(신약 저자들부터 주요 교부들에 이르기까지)의 '회중 성경'이었다는 개념은 어느 정도 일리가 있다.

복잡성 이해하기

초기 교회는 고대 그리스어 역본을 자주 사용했지만, 공의회에서 '칠십인역'을 '공식'으로 '채택'한 적은 없다. 따라서 이를 신약 시대의 '성서'와 동일시하는 것은 오해의 소지가 있다. 그 이유를 살펴보자.

---

8   다음을 참고하라. Edmon L. Gallagher, "The Septuagint in Patristic Sources," *T&T Clark Handbook of Septuagint Research*, ed. William A. Ross and W. Edward Glenny (London: Bloomsbury T&T Clark, 2021), 255-67.

그리스 언어로 대대적인 변화가 일어났음에도, 히브리 성서는 어떤 형태로든 여전히 예수와 사도 무리의 주변에 있었다. 예수가 나사렛에서 읽은 이사야 두루마리는 히브리어로 기록됐을 가능성이 크다(눅 4:17-20).[9] 마태는 "임마누엘"과 "나의 하나님, 나의 하나님"이라는 문구에서 히브리어를 직접 인용한다(마 1:23; 27:46). 이중 언어를 구사하는 신약의 유대 저자들은 특정 문구를 인용할 때는 히브리어 본문을 가져온 것으로 보인다.[10] 실제로 일부 학자들은 신약의 특정 인용문들이 사해문서에서 발견된 히브리어 문구에 가장 가깝다고 주장한다.[11] 그리고 요한계시록은 "고대 그리스어 역본보다 히브리어 성서의 영향을 가장 많이 받았다."[12]

또한 사도들은 구약의 일부분을 아람어 형태로 접했을 수 있으며,[13] 이는 1세기에 구두나 문서 형태로 회람됐을 것이다.[14] 아람어로 된 구약이 초기 그리스도인들에게 미쳤을 영향을 추적하기 위해 다양한 연구

---

9   당시 팔레스타인에서 히브리어 두루마리가 여전히 사용됐을 가능성이 크다. S. Safrai,
     "The Synagogue," *The Jewish People of the First Century: Historical Geography, Po-
     litical History, Social, Cultural and Religious Life and Institutions*, CRINT 1.2, ed. S.
     Safrai and M. Stern (Philadelphia: Fortress, 1976), 2:908-44.

10   예, 마 2:15, 18; 4:15-16; 요 19:37; 롬 11:35; 고전 2:9; 3:19; 14:21; 15:54; 고후 8:15;
     딤후 2:19.

11   J. de Waard, *A Comparative Study of the Old Testament in the Dead Sea Scrolls and
     in the New Testament*, STDJ 4 (Leiden: Brill: 1966).

12   G. K. Beale, *John's Use of the Old Testament in Revelation*, JSNTSup 166 (Sheffield:
     Sheffield Academic Press, 1999), 62.

13   다음에서 아람어 단어들이 발견된다. 예, 마 5:22; 막 5:41; 7:34; 14:36; 요 20:16; 롬
     8:15; 갈 4:6; 고전 16:22.

14   주요 아람어 타르굼은 신약 시대 이후까지 완성되지 않았음에도, 사해문서에서 발견된 아
     람어 욥기(11Q10)는 아람어로 기록된 일부 역본들이 존재했음을 보여 준다.

가 시도됐다.[15]

마지막으로, 신약 저자들은 때로 그리스어 구약의 개정본들에 익숙했던 것으로 보인다. 예를 들어, 마태복음 26:64은 "사람의 아들"이 "구름 위로(그리스어로 '에피'[epi])" 온다고 묘사해 다니엘 7:13을 반영하는 반면, 누가복음 21:27은 "구름 안에(그리스어로 '엔'[en])"로 읽으며 테오도티온 개정본을 반영한다. 바울의 인용문 중 고대 그리스어 역본에서 벗어난 일부 문구도 히브리어 자체보다, 이미 히브리어에 맞춰 수정된 (지금은 사라진) 그리스어 본문에서 가져온 것일 수 있다.[16]

교부 시대에도 비슷한 유형들을 볼 수 있다. 몇몇 교부는 종종 후대 그리스어 개정본들(아퀼라, 심마쿠스, 테오도티온)을 참조한다.[17] 고대 라틴어 역본은 2세기 서방 교회에서 대중적이었으며[18] 3, 4세기 시리아 교회에서는 고대 시리아 역본을 널리 사용했다. 따라서 '칠십인역'만이 '교회의 공식 성서'였다고 말하는 것은 지나치게 단순화된 평가이다.[19]

---

15 예, Mirsław Wróbel, "The Gospel according to St. John in the Light of Targum Neofiti I to the Book of Genesis," *BPT* 9, no. 4 (2016): 115–30; Adam Howell, "Finding Christ in the Old Testament through the Aramaic Memra, Shekinah, and Yeqara of the Targums" (PhD diss., Southern Baptist Theological Seminary, 2015).

16 Dietrich-Alex Koch, "The Quotations of Isaiah 8,14 and 28,16 in Romans 9,33 and 1 Peter 2,6.8 as Test Case for Old Testament Quotations in the New Testament," *ZNW* 101, no. 2 (2010): 223–40; Ross Wagner, *Heralds of the Good News: Isaiah and Paul "in Concert" in the Letter to the Romans*, NovTSup 101 (Leiden: Brill, 2000), 126–31.

17 Reinhart Ceulemans, "Greek Christian Access to 'the Three,' 250–600 CE," in *Greek Scripture and the Rabbis*, ed. Timothy M. Law and Alison Salvesen, CBET 66 (Leuven: Peeters, 2012), 165–91.

18 이는 단독 역본이거나 완성된 역본은 아니었으나, 주요 개정본들 보다 앞서 번역이 진행됐기 때문에 본문 비평 학계에서 중요하게 여겨진다. 다음을 참고하라. Julio Trebolle Barrera, "Vetus Latina," *Textual History of the Bible*, ed. Armin Lange and Emanuel Tov (Leiden: Brill, 2016), 1:319–30.

19 Fernández Marcos, *Septuagint in Context*, 338.

오늘날의 인쇄물, 스마트폰, 태블릿 PC, 오디오북처럼, 고대에도 구약을 접하는 다양한 방식이 있었다. 회당에서의 전례 낭독(행 15:21) 같은 구두 전달이 활발히 이루어졌다. 많은 유대계 그리스도인들은 구약의 상당 부분을 암기했을 가능성이 크다.[20] 초기 그리스도인들은 여행할 때 두루마리를 짐으로 끌고 다니지 않기 위해 구약에서 좋아하는 문구들을 발췌해 엮은 작은 모음집을 이용했을 수 있다.[21] 마지막으로, 사도인 저자들은 여러 회당이나 필사 장소에 있던 기록 사본들을 통해 구약을 접했을 것이며,[22] 격동의 1세기 동안 로마, 고린도, 에베소 및 예루살렘의 구약 사본들이 같았으리란 보장도 없었다(비교. 다양한 NIV, 1978, 1984, 1996 [NIrV], 1999, 2002 [TNIV], 2011).

초기 교회의 '회중 성경'을 정확히 정의하기 복잡한 이유는 다음 두 가지 예로 설명할 수 있다. 첫 번째 예는 신약에서 인용된 여섯째, 일곱째, 여덟째 계명의 경우이다(살인, 간음, 도둑질). 고대 그리스어 역본에서

---

20 Andrew Montanaro, "The Use of Memory in the Old Testament Quotations in John's Gospel," *NovT* 59, no. 2 (2017): 147-70; Wagner, *Heralds*, 20-28; Birger Gerhardsson, *Memory and Manuscript: Oral Tradition and Written Transmission in Rabbinic Judaism and Early Christianity*, ASNU 22 (Uppsala: Almqvist, 1961).

21 이런 증언집에 관한 자세한 연구는 다음을 참고하라. Martin C. Albl, *"And Scripture Cannot Be Broken": The Form and Function of the Early Christian Testimonia Collections*, NovTSup 96 (Leiden: Brill, 1999). 유대(4Q174, 4Q175)와 이집트(P.Oxy. 4933)에서 발견된 발췌문 모음집이 이 가설에 신빙성을 부여하지만, 여전히 논쟁 중이다. (증언집[testimonia]은 구약에서 예수의 생애 및 메시아의 지위를 암시한 부분을 발췌해 묶은 모음집으로, 초기 기독교 시대에 존재했을 것으로 여겨진다. 이 증언집의 출처는 고대 그리스어 역본이었을 것이며, 이 증언집, Q자료, 이외 증언과 전승을 토대로 복음서 저자들이 복음서를 기록했을 것이라고 본다.-역주)

22 Christopher D. Stanley, *Paul and the Language of Scripture: Citation Technique in the Pauline Epistles and Contemporary Literature*, SNTSMS 74 (Cambridge: Cambridge University Press, 1992), 78.

출애굽기 20장과 신명기 5장의 순서는 서로 다르며 마소라 히브리어 본문과도 다르다.[23] 이런 차이는 신약에서 여러 차례 인용된 문구가 서로 다른 이유를 설명해 주기도 한다(마 19:18; 막 10:19; 눅 18:20; 롬 13:9; 약 2:11). 일부는 히브리어 본문의 순서를, 일부는 고대 그리스어 역본의 신명기 순서를 따랐기 때문이다. 그런데 명령의 형태도 서로 다르다. 마태와 바울은 고대 그리스어 역본의 부정적인 미래형을 채택하지만, 마가, 누가, 야고보는 아마도 다른 그리스어 본문이나 구두 전승에서 가져왔을 부정적인 가정법을 사용한다.[24]

두 번째 예는 신약에서 다섯 번 사용된 이사야 6:9-10의 경우이다(마 13:14-15; 막 4:12; 눅 8:10; 요 12:39-40; 행 28:25-27). 각 인용문은 어순과 어휘 면에서 (마태복음과 사도행전의 문구가 가장 가깝다고 할 만하나) 서로 다르며 (알려진 히브리어 문서와 그리스어 구약 형태와도 다르며) 이런 편차는 전례 사용, 기억, 구두 전승에서 일어났을 수 있다.

두 가지 예는 신약 저자들이 모두 동일한 가죽 장정의 칠십인역 1세기 판을 그들의 유일한 '성서'로서 가지고 다니지 않았다는 사실을 보여 준다. 그들은 적어도 이용 가능한 다양한 대안과 수단을 통해 구약을 접했던 것으로 보인다. 오늘날의 경우 어느 목회자는 자신이 기억하고 있는 NIV 1984의 문구를 인용하고 다른 이는 인쇄된 NIV 2011을 참조하는 것과 다르지 않다.

---

23 내쉬(Nash) 파피루스(BC 150-100년) 또한 마소라 본문과 다르다.

24 다음을 참고하라. Gregory R. Lanier, "Scriptural Inspiration and the Authorial 'Original' Amid Textual Complexity: The Sequences of the Murder-Adultery-Steal Commands as a Case Study," *JETS* 61, no. 1 (2018): 47-81.

간추린 말

결론은 무엇일까? 초기 기독교의 '성서'가 '칠십인역'이라는 주장에는 많은 진실이 담겨 있지만 그럼에도 그렇게 말하는 것은 지나치게 단순한 생각이다. 초기 교회에서 모든 회중석 등받이 뒤에 똑같이 복사한 '칠십인역'을 두지 않았겠지만, 그리스어 구약 전서는 여전히 압도적으로 많이 사용됐을 것이다. 따라서 그리스어 사용자가 점차 늘어났을 초기 교회와 고대 이스라엘의 히브리어 본문 사이에서 가장 영향력 있는 중간 다리 또는 중개자 역할을 한 정도로 그리스어 구약을 간주하는 것이 올바를 것이다.[25]

만일 그렇다면, 이런 영향력은 어떻게 작용했을까? 이어서 신약의 구약 **인용문들**을 통해 그리스어 구약이 신약의 **언어**에 미친 영향을 살펴보자.

신약의 언어

영어권 세계를 수 세기에 걸쳐 주름잡은 성서 역본이 하나 있다. 바로 KJV, 킹 제임스 성경이다. 'thee'와 'thou'(2인칭 단수 목적격과 주격을 일컫는 고어로, 보통 '당신께/을', '당신께서'로 번역된다. thy는 소유격으로 '당신의', thine은 소유대명사/소유격으로 '당신의 것/당신의'로 번역된다.-역주), 시적 운율, 주기도문 구절 같은 구체적인 표현까지, KJV는 영어를 사용하는 그

---

25   Karen Jobes가 기록하길, 그리스어 구약은 "히브리 성서와 그리스어 신약 사이의 문학적, 신학적 개념을 중개하는 다리를 형성한다." "When God Spoke Greek: The Place of the Greek Bible in Evangelical Scholarship," *BBR* 16, no. 2 (2006): 221.

리스도인이 종교 언어를 형성하는 데 독보적인 역할을 했다.

그리스어 구약도 마찬가지다. 제한된 의미로 볼 때 신약 저자들의 '회중 성경'으로서 **그리스어 구약은 필연적으로 그들의 언어, 특히 문체와 어휘를 형성**했기 때문에 중요하다.[26] 이는 특별한 '성령의 그리스어' 또는 심지어 '유대 그리스어'가 있다는 말이 아니다. 그러나 우리는 'thine'을 평소 사용하지 않더라도 "나라가…아버지께…있사옵나이다"(thine is the kingdom)라는 말을 자연스럽게 하듯, 그리스어 구약의 특징들은 사용자들에게 흔적을 남겼다.[27]

문체

3장에서 다루었듯, 그리스어 번역가들은 종종 히브리어 원문의 문법적 특징을 반영하려고 애썼으며(예, 어순), 이는 그리스어로 다양한 결과를 낳았다. '요다의 말하는 방식'(영화 스타워즈 시리즈에서 요다는 영어를 사용하지만, '목적어-주어-동사' 순으로 말하거나, 한 동사를 쪼개서 사용하거나, 전체 구절을 거꾸로 말하는 등 현대 어법과 달리 사용한다.-역주)도 영어인 것처럼, 재배열을 막 끝낸 그리스어 구약의 최종 결과물은 그리스어로서 여전히 이해할 수 있지만, 이따금 히브리어처럼 읽히는 경우가 있다. 이렇게 그리스어 구약에 담긴 히브리어식 특징들은, 의도했든 아니든, 신약 전반에 걸쳐, 심지어 구약을 직접 인용한 문구가 없는 곳에도 스며들었

---

26 여기서 우리는 문체(표현에 대한 표면적 수준의 선택)와 구문론(언어의 문법적 짜임새)을 구별한다. 현재 연구는 그리스어 구약이 신약에 미친 영향을 문체로 제한해서 다룬다.

27 Jennifer M. Dines이 관찰하길, "칠십인역은 어휘와 문체에 심오한 영향을 행사했으나, 이는 기록자마다 다르고 모든 곳에 만연하지 않다." *The Septuagint*, UBW (London: T&T Clark, 2004), 143. 다음도 참고하라. Karen H. Jobes and Moisés Silva, *Invitation to the Septuagint*, 2nd ed. (Grand Rapids, MI: Baker Academic, 2015), 200-205.

다.[28] 다음은 그 몇 가지 예이다.[29]

- "그가 [또는 그녀가] 대답하여 말하였다"는 주로 내러티브에 나온다(예, 눅 13:15).
- "그리고…그리고…그리고"의 병렬구문을 자주 사용한다(예, 마 4:24-25).
- "그리고…일어났다"(그리스어로 '카이 에게네토'[*kai egeneto*])로 내러티브가 시작된다(예, 막 1:9)
- 병행 활동을 나타낼 때 '엔 토'[*En tō*]+부정사가 나온다("…하는 동안")(예, 고전 11:21)
- "그가 [또는 그녀가] 입을 열어서 말하였다"(예, 마 5:2)
- "그는 ~하기를 계속했다"의 의미로 "그는 이어서 ~를 했고 또 했다[그리스어로 '프로스티테미'[*prostithēmi*]"를 사용한다(예, 행 12:3).
- "그들은 크게 기뻐함으로 기뻐하였다"에서처럼 중복 문구에 '메가스'[*megas*]("크게")를 사용한다(예, 마 2:10).

누가복음 1-2장의 유아기 내러티브는 이 현상을 포괄적으로 보여 준다. 누가는 공식 그리스어를 사용할 줄 알았지만(눅 1:1-4), 이 장들의 표현, 문장 구조, 시, 심지어 가장 중요한 서사 흐름은 그리스어로 된 창세기나 사무엘상(그리스어 구약에서 열왕국1서[1Kingdoms]에 해당한다)에서 발견되는

---

28   여기서 우리는 이런 점들을 '유대주의/헤브라이즘' 또는 '칠십인역화'라고 불러야 하는지, 또는 어디쯤에서 그렇게 해야 하는지에 대한 논쟁은 제쳐두고 있다.

29   다음을 참고하라. Ralph Brucker, "Die Sprache der Septuaginta und das Neue Testament: Stil," *Die Sprache der Septuaginta / The Language of the Septuagint*, ed. Eberhard Bons and Jan Joosten, LXX.H 3 (Gütersloh: Gütersloher Verlagshaus, 2016), 460-72.

것과 같아 보인다. 달리 말해, 이 장들은 그리스어보다 히브리어적이다.

이런 유형의 대부분이 '비그리스어식'은 아니지만, 신약 안에 집중적으로 나타나는 것은 그리스어 구약이 매우 익숙하여 사도인 저자들의 문체 선택에 영향을 미쳤음을 보여 주므로, 이는 신약의 그리스어를 더 잘 이해하고자 하는 오늘날의 학생들에게 꽤 중요하다.

어휘

그리스어 구약은 신약의 특정 어휘 사용에도 영향을 미쳤다. 그리스어 번역가들이 특정 히브리어 단어를 특정 그리스어 단어로 번역하기로 한 결정이 추진력을 얻어 때로는 그리스어 단어에 특별한 의미 양상이 생겼다. 이런 단어들도 그냥 단어일 뿐 결국 특별하지 않지만, 유대-기독교적 맥락에서는 보다 전문적인 의미를 전달할 수 있다. 이를테면, KJV을 모르면 'skin of my teeth'(간신히)라는 표현이 왜 나왔는지를 이해하지 못하는 것과 비슷하고, 교회에서 'devotional'(경건한)이라는 표현이 교회 밖에서 사용되는 것과는 다른 의미가 있는 것과도 비슷하다.

신약 저자들이 다방면에서 그리스어 구약을 접한 사실을 염두에 둔다면, 일부 단어의 의미는 더 협소해지고 그리스어 구약이 신약을 위한 일종의 '어반 딕셔너리'(인터넷 유행어, 속어, 은어를 설명하는 웹 사전으로 한국의 나무위키와 비슷한 사이트-역주)가 된 것은 놀라운 일이 아니다. 당장 눈에 띄는 몇 가지 예를 언급할 수 있다(표 6.1 참고).[30] 이런 예들 외에

---

30   자세한 논의는 다음을 참고하라. R. Timothy McLay, *The Use of the Septuagint in New Testament Research* (Grand Rapids, MI: Eerdmans, 2003), 146-48; Emanuel Tov, "Three Dimensions of LXX Words," *RB* 83, no. 4 (1976): 529-44.

표 6.1 그리스어 구약이 신약 어휘에 미친 영향

단어	사회에서 통용되는 그리스어 용법	그리스어 구약의 협소한 용법	신약에 미친 영향	예
'아크로뷔스티아' [akrobystia]	(없음)	'포피'라는 신조어	'무할례'를 일컬음. '아크로포스티아'[akroposthia] 대신 사용됨.	롬 2:25
'크리스토스' [christos]	'문질러 발라지다'	'기름부음 받은 [이]', 히브리어로 '마쉬아크'[mashiakh]	예수 '그리스도'('메시아')라는 존칭	다수
'디아테케' [diathēkē]	'마지막 유언'(비교. '쉰테케'[synthēkē], '계약')	신적 '언약', 히브리어로 '베리트'[berith]	신적 언약들	눅 22:20
'독사' [doxa]	'의견', '개념'	하나님의 '영광'(찬미, 광채, 충만), 히브리어로 '카보드'[kabod]	하나님 또는 그리스도의 '영광'	고후 3:18
'에클레시아' [ekklēsia]	포괄적인 '집회'	이스라엘 사람들의 '모임', 히브리어로 '카할'[qahal]	성도들의 모임으로서 '교회'	마 16:18
'에피스켑토마이' [episkeptomai]	'검토하다', '점검하다'	때로 심판에서 하나님의 종말론적 '방문'을 일컬음.	종종 종말론적 의미로 사용됨.	눅 1:68
'유앙겔리조마이' [euangelizomai]	전쟁에서 온 '좋은 소식'의 보고	영적인/구원적인 '좋은 소식', 특히 이사야	'복음을 선포'	롬 1:15
'힐라스테리온' [hilastērion]	(신들의) '속죄'	피로 속죄하는 언약궤의 덮개(속죄소), 히브리어로 '카포레트'[kapporet]	완전한 화해의 '속죄소'로서 예수 자신	롬 3:25
'퀴리오스' [kyrios]	권위를 가진 누군가를 존경하는 용어	'주님'의 번역어('아도나이'[adonai]와 '퀴리오스'[kyrios])*	예수를 '주님'으로 부르는 칭호	다수
'페리 하마르티아스' [peri hamartias]	'죄 때문에'	'속죄 제물'의 전문 용어, 히브리어로 '카타트'[khattat]	궁극의 '속죄 제물'로서 예수 자신	롬 8:3
'스클레로카르디아'[sklērokardia]	(없음)	'이스라엘의 완고한 마음'의 신조어, 히브리어로 '마음의 포피'	영적으로 완악한 마음	마 19:8

---

* YHWH를 번역하기 위해 사용된 '퀴리오스'[kyrios]는 그리스어 구약의 주요 사본 어디에나 등장하지만, 다른 관행도 존재했다(예, 4Q175의 ****, 11Q5의 원시-히브리 문자, 4Q120의 IAŌ). 필론(Leg. 1.48)과 요세푸스(Ant. 13.68-69)가 YHWH를 포함한 구약 인용문에서 '퀴리오스'[kyrios]를 사용한 것은, 이런 관행이 신약 이전부터 있었음을 알려준다.

도, 그리스어 구약은 신약 저자들이 '할렐루야'[hallēlouia], '아멘'[amēn], '만나'[manna], '파스카'[pascha]('유월절') 같은 셈어 차용어들과 표기들을 가져다 쓸 수 있는 정황을 만들어 놨다.

신학적 어휘는 성서의 영향을 받을 수밖에 없으며, 오늘날은 물론 초기 기독교에서도 마찬가지였다. "히브리 신학과 밀접하게 관련된 LXX의 용어를 신약에서 발견할 때마다, 우리는 LXX에서 그 용어가 일컫는 내용이 초기 기독교 사고에 상당한 영향을 미쳤으리라고 마땅히 추정할 수 있다."[31]

간추린 말

주의할 점이 있다. 구절과 단어의 의미가 성서에서 사용됐다고 마법처럼 바뀌지 않는다. 신약에서 사용된 그리스어 문체나 어휘마다 '칠십인역에서의 의미' 또는 '히브리 개념'을 무조건 주입하려 들지 않아야 한다.[32] 가장 먼저 해야 할 일은 항상 주어진 절의 의미를 신약의 해당 맥락에서 사용된 대로 연구하는 것이다.

물론, 신약의 언어를 이해하려면 그리스어 구약은 반드시 필요하다. 신약에서 "보이는 모든 단어와 어절을 이보다 앞선 그리스어 구약에서의 용례를 참조하지 않은 채 이해하기란 불가능하다."[33] 칠십인역을 (번역본이라도) 반복해서 읽는다면 신약에 담긴 특정 문체의 특징을 더 잘

---

31 Jobes and Silva, *Invitation*, 221.

32 주의할 점에 대해 다음을 참고하라. Moisés Silva, *Biblical Words and Their Meaning: An Introduction to Lexical Semantics*, rev. ed. (Grand Rapids, MI: Zondervan, 1995).

33 Henry Barclay Swete, *An Introduction to the Old Testament in Greek* (Cambridge: Cambridge University Press, 1914), 404.

이해할 수 있을 것이다. 여기에는 신약 구절의 핵심 단어를 익히는 수고가 항상 뒤따르며, 가능하면 그리스어 구약에서의 용례도 살펴야 한다. 칠십인역을 다룬 사전을 참조하거나 소프트웨어의 도움을 받아 해당 단어가 사용된 구체적인 예문들을 살필 수도 있다.[34] 이 중 무엇이든 규칙적으로 실천한다면, 현대 독자가 초기 기독교의 신학 사전을 더욱 잘 이해하는 데 도움이 된다.

신약에 사용된 그리스어 구약

지금까지 신약 저자들이 그리스어 구약을 반복적으로 사용했다는 증거를 설명했다면, 이제는 사도인 저자들이 이 번역을 직접 사용했을 때 그 영향이 어떻게 작용했는지 살펴보자.

예수 자신을 따르던 신약 저자들이 옛 언약의 성경을 하나님의 직접적인 영감의 말로 여겼다는 점에는 의심의 여지가 없다(마 5:18; 딤후 3:16; 벧전 1:11; 벧후 1:20-21). 그들은 구약을 수백 번 인용하거나 인유(allude)하며 구약을 '복음'(롬 1:2-4; 갈 3:8)과 그리스도의 구속 사역(눅 24:45-47; 고전 15:3-8)을 잘 표현하기 위한 기준으로 삼는다. 신약의 신학을 이해하는 데 구약을 어떻게 사용했는지 추적하는 것보다 중요한 일은 없다.[35] 실제로 몇몇 핵심 요점은 구약 구절의 정확한 문구에 달려

---

34 Takamitsu Muraoka, *A Greek-English Lexicon of the Septuagint: Chiefly of the Penta-teuch and the Twelve Prophets* (Leuven: Peeters, 2009); Johan Lust, Erik Eynikel, and Katrin Hauspie, *Greek-English Lexicon of the Septuagint*, rev. ed. (Stuttgart: Deutsche Bibelgesellschaft, 2003).

35 다음을 참고하라. Greg Lanier, *Old Made New: A Guide to the New Testament Use of the Old Testament* (Wheaton, IL: Crossway, forthcoming).

있다(갈 3:16).

히브리 성서의 그리스어 번역 작업은 대개 안정적으로 진행됐기 때문에, 신약 저자들이 사용할 수 있는 문구는 히브리어든 그리스어든 크게 다르지 않다. 그러나 신약에서 인용된 구약 구절들을 무심코 훑어보다가도 그 문구가 다르게 사용된 경우를 발견할 수 있다. 단순히 영어와 관련된 번역 문제이거나 신약 저자가 인용문을 새로운 맥락에 맞춰 조정한 것일 수도 있다. 그러나 **신약 저자들이 구약 구절의 그리스어 전승에서 가져다 쓴 특정 문구가 알려진 히브리어의 의미와 다른 경우도 간혹 있다.** 이러한 경우 그리스어 구약은 신약의 신학 형성에 중요한 역할을 한다.

여기 다양한 신약 저자들의 여러 예시를 분석하여 요점을 설명해 보겠다.[36] 각 예시마다 신약 본문을 제시하고 다음과 같은 식으로 주석을 달았다.

- 히브리어와 전통적인 고대 그리스어 역본의 본문이 본질적으로 같은 경우, 해당 문구에는 아무런 표시도 하지 않았다.
- 신약이 히브리어와 상이한 고대 그리스어 역본의 문구를 따르는 경우에는 밑줄로 표시한다.
- 의미를 분명하게 하거나 설명을 추가한 경우 괄호로 묶었다.[37]

36　구절별 참고 문헌은 너무 광범위해서 여기에 포함할 수 없다. 우선 다음을 참고하라. G. K. Beale and D. A. Carson, eds., *Commentary on the New Testament Use of the Old Testament* (Grand Rapids, MI: Baker Academic, 2007).

37　특별한 언급이 없는 한, 신약은 모두 ESV를 인용했다. (책의 영문을 그대로 옮겼다.-역주)

복음서와 사도행전

마태복음 12:17-21(이사야 42:1-4)

이는 예언자 이사야에 의해 말씀하신 바를 이루려 하신 것이다.

> "보아라, 내가 선택한 나의 종,
>
>   나의 마음에 기뻐하는 내가 사랑하는 자.
>
> 내가 나의 영을 그에게 줄 것이고,
>
>   그리고 그가 이방에 심판을 알릴 것이다…
>
>   (그리고) 그의 이름으로 이방인들이 소망할 것이다."
>
>   (히브리어로, 그리고 해안 지역들이 그의 법을 기다린다.)

마태복음 12:17-21에서 마태가 인용한 이사야의 문구는, "종"에 "이스라엘"을 덧붙이고 "사랑하는 자"에 "야곱"을 덧붙여 놓은 그리스어가 아닌, 추가 단어가 생략된 히브리어와 일치한다. 그러나 마지막 어절에서 그는 고대 그리스어 역본의 이사야를 그대로 옮겨 온다. 이사야의 번역가는 종말론적 느낌을 환기해 보려고 "이방인들"(또는 '민족들')을 "해안 지역"으로 바꾸었다. 그리고 마태는 이런 문구의 차이를 능숙하게 알아차려 사용할 수 있었다. 문제의 장면은 예수가 안식일에 한 남성을 고치는 이야기로, 예수의 사역을 유대교의 엄격한 경계로 제한하려 드는 유대 엘리트 계층을 경멸하게 만든다. 마태는 고대 그리스어 역본의 이사야 구절을 인용함으로써 구약에서도 하나님의 '종'에 대한 계획에는 항상 이방인이 포함된다는 사실을 상기시킨다.

예수가 대답하길, "가장 중요한 것은 이것이다. '늘어라, 오 이스라엘아. 주님이신 우리 하나님은 유일한 주님이시다. 그러므로 너희는 모든 너희 마음으로, 그리고 모든 너희 영혼으로, 그리고 모든 너희 정신으로(히브리어에 없는 문구), 그리고 모든 너희 힘으로, 주님이신 너희 하나님을 사랑해야 한다.'"

마가복음 12장은 예수가 복음서에서 유일하게 유대 쉐마를 인용한 문구를 기록한다.[38] 신명기 6:5의 두 본문 전승에는 "모든 너희…으로"라는 문구가 세 번만 나온다. 히브리어로는 **마음, 영혼, 힘**이고 고대 그리스어 역본으로는 **정신, 영혼, 힘**이다.[39] 하지만 마가의 이야기에는 네 번 나온다. 겉으로 보면 예수(또는 마가)가 쉐마를 잘못 인용한 듯 보이지만, 달리 해석할 수도 있다. 쉐마는 구약 자체에서 다양한 문구로 반복되며(수 22:5; 왕하 23:25), 참된 경건을 요약하는 일종의 살아 있는 전승을 보여 준다. "모든 너희 정신으로"가 있는 여호수아 22:5의 그리스어 형태는 마가복음과 일치한다. 따라서 마가복음 이야기는 오류가 아니라 더 넓은 쉐마 전승을 반영한 것이거나[40] 신명기 6:5의 히브리어와 고

---

38   자세한 논의는 다음을 참고하라. Martin Karrer, "The Septuagint Text in Early Christianity," *Introduction to the LXX*, ed. Siegfried Kreuzer, trans. David A. Brenner and Peter Altmann (Waco, TX: Baylor University Press, 2019), 613-26.

39   이는 괴팅겐 복원판을 따랐다. *Septuaginta: Vetus Testamentum Graecum*, vol. 1, *Genesis*, ed. John W. Wevers (Göttingen: Vandenhoeck & Ruprecht, 1974); the Rahlfs-Hanhart edition reads, *heart, soul, strength*.

40   마가복음에서 사용된 '이스퀴오스'[*ischyos*, '힘']는 '뒤나메오스'[*dynameōs*](신 6:5, OG)

대 그리스어 역본을 합친 것일 수 있다.[41] 어느 경우이든, '정신' 항목을 포함함으로써 하나님을 향한 포괄적인 사랑이 그리스도인 제자도의 특징임을 보여 준다.

누가복음 3:35-36(창세기 10:24)

…그 위는 스룩이고, 그 위는 르우고, 그 위는 벨렉이고, 그 위는 에벨이고, 그 위는 셀라이고, 그 위는 가이난이고(히브리어에 없는 문구), 그 위는 아르박삿이고, 그 위는 셈이고, 그 위는 노아이고, 그 위는 라멕이고…

누가복음 3:35-36에 나온 누가의 족보는 "가이난"에 대한 언급만 다를 뿐, 창세기의 히브리어와 일치한다. 마치 누가가 실수한 듯 보이는 이 어절도 창세기 10:24의 고대 그리스어 역본에 나온 "아르박삿은 **가이난**을 낳았고, **가이난**은 셀라를 낳았고 셀라는 에벨을 낳았고"를 참조하면 생각이 달라진다. 누가는 분명히 족보의 기록 자료로서 고대 그리스어 역본을 사용하고 있다. 더 이른 시기의 더 나은 본문이 그리스어에 포함됐고, 마소라 전승은 우연히 "가이난"을 누락했을 수 있다.[42] 어느 경우이든 그리스어 구약의 내용을 아는 덕분에, 누가가 실수했을 것이라는 오해를 풀 수 있다.

대신일 것이라는 가설은 왕하[열왕국4서] 23:25와 일치하므로 신빙성이 있다

41　마가복음 10:19에 추가된 "남을 속이지 말라"도 비슷한 경우이다.

42　영역 성서 중 일부는 창 10:24의 그리스어의 추가 단어인 "가이난"을 주석으로 실었다.

주님의 성령이 나에게 부이졌다,

그분(히브리어로, 주님)이 나에게 기름을 부으셔서

가난한 이들에게 좋은 소식을 전하도록 하기 위해서이다.

그분이 나를 보내셔서(히브리어/고대 그리스어 역본에 추가된 어절로, **상한 마음**

을 싸매기 위해서)

포로인 이들에게 자유를

그리고 안 보이는 이들에게 시력의 회복(히브리어로 생략된 어절)을 선

포하도록 하기 위해서,

억압 받는 이들에게 자유를 주기 위해서(히브리어로, **그리고 갇힌 이들에게**

감옥을 열어주는 것, 고대 그리스어 역본에는 생략된 어절),

주님의 은혜의 해를 선포하기 위해서이다.

누가복음 4장에 나오는 나사렛 회당에서 예수의 설교 본문에 대한 누가의 기록은 이사야서 61장의 그리스어 및 히브리어 문구와 복잡한 관계가 있다. 특히 세 가지가 두드러진다.

첫째, **"상한 마음을 싸매기 위해서"**라는 절은 히브리어와 고대 그리스어 역본 모두에서 발견되지만 누가복음에는 나오지 않는다. 둘째, "안 보이는 이들에게 시력의 회복"은 히브리어와 직접적으로 일치하지 않으나 고대 그리스어 역본과는 문자 그대로 일치한다.[43] 셋째, "억압받

---

43   고대 그리스어 역본의 "안 보이는 이들에게 시력의 회복"은 히브리어의 "갇힌 이들에게 감옥을 열어 주는 것"의 의역이라는 주장도 있다. 이럴 가능성은 거의 없어 보이지만, 그렇다

는 이들에게 자유를 주기 위해서"는 이사야 61:1의 고대 그리스어 역본에는 나오지 않지만 이사야 58:6의 그리스어와는 거의 일치한다. 이 어절이 고대 그리스어 역본에 포함된 이유는 이사야 58장과 61장의 주제가 매우 비슷하고 이사야 61:1에 대한 히브리어 구절인 "갇힌 이들에게 감옥을 열어 주는 것"과도 닮았기 때문일 수 있다.

모든 자료를 아우르며 모두의 동의를 얻을 만한 확실한 설명은 없다. 아마도 나사렛의 두루마리는 마소라 전승이 된 본문에서 벗어났을 수 있고, 예수나 누가는 이사야의 그리스어 형태에 더 많이 의존했을 수도 있다. 어떤 경우이든, 이사야의 고대 그리스어 역본, 특히 "안 보이는 이들에게 시력의 회복" 어절은 누가가 이 나사렛 장면을 전략적으로 사용했다는 점에서 중요하다.[44] 이 장면에서 예수의 설교와 갈릴리에서 이미 진행 중이었던 육체적 치유 사역이 강하게 연결된다. 예수는 그의 기적을 통해 이사야가 예언한 이, 바로 성령으로 충만한 이가 예수 자신임을 증명한다(눅 4:21).

사도행전 7:14(창세기 46:27)

요셉은 사람을 보내 그의 아버지 야곱과 모든 친족 일흔다섯(히브리어로, 일흔) 사람을 소집했다.

고 해도 더 넓은 의미에서의 핵심은 변함없다. 여전히 누가는 히브리어가 아니라 고대 그리스어 역본의 단어들을 그대로 가지고 와 이야기를 이어 간다는 점이다.

44   마가복음 6장과 마태복음 13장과 관련해, 상대적으로 누가는 이 장면을 시간상 더 앞으로 옮겨 계획의 중요성을 부여한다.

누가는 사도행전 7:14에서 이집트로 떠난 사람들의 숫자를 잘못 인용한 것처럼 보인다. 현대 영어 역본에는 "일흔"(히브리어)이라고 쓰여 있지만 누가복음에는 "일흔다섯"이리고 되어 있기 때문이다. 그러나 여기서도 누가가 그저 그리스어 창세기 본문을 따른 것이다. 더 큰 질문은 애초에 히브리어와 고대 그리스어 역본 사이에 왜 차이가 생겼느냐는 것이다. 이러한 차이는 자손을 세는 다양한 방식에서 비롯된 것일 가능성이 크다.[45] 사실상 신명기 10:22의 고대 그리스어 역본은 히브리어와 일치하며, "일흔"으로 읽는다. 가계도를 어떻게 그리느냐에 따라 두 숫자 모두 '정확'하다고 할 수 있다. 그리스어 구약을 통해 이런 세부 사항을 안다면 누가가 부정확했다는 의심은 명백히 사라질 것이다.

사도행전 15:15–18(아모스 9:11–12)

그리고 이는 예언자들의 말과도 일치한다. 기록된 바대로,

"이 이후에 나는 돌아올 것이다(히브리어/고대 그리스어 역본에는 그날에)
그리고 나는 무너졌던 다윗의 성막을 다시 지을 것이다.
나는 허물어진 곳을 다시 지을 것이다,
그리고 나는 다시 세울 것이다(히브리어/고대 그리스어 역본에 추가된
어절로 옛날처럼),

---

45 이 숫자들에 대한 몇 가지 산술 방식이 있다. 하나는 66(창세기 46:8-25에 등장하고 46:26에서 다시 언급되는 생물학적 후손)과 4(야곱, 레아, 실바, 빌하)를 더하면 일흔이다. 다른 하나는 66에 9(창 46:27의 그리스어 역본에서 요약한 대로 이집트에서 태어난 요셉 자녀의 총합계, 즉 에브라임과 므낫세 및 다른 일곱 명)를 더하면 75이다.

그리하여 사람들 중 남은 이가 주님을 찾을 수 있다(히브리어로, 그들이

에돔의 남은 곳을 소유할 수 있다),

그리고 나의 이름으로 부름을 받은 모든 이방인들도."

사도행전 15:15-18은 예루살렘 공의회에서 야고보가 결정적인 성경적 증거로서 인용한 아모스의 구절이다. 야고보의 인용 문구는 아모스 9장의 히브리어 및 그리스어 형태와 관련하여 몇 가지 사소한 차이를 보인다(여기에 모두 표시되어 있지는 않다).[46] 가장 중요한 점은 이 인용문이 고대 그리스어 역본의 문구인 "사람들 중 남은 이가 주님을 찾을 수 있다"를 따르고 있다는 것이다. 여기서 몇 가지 질문이 제기된다. 누가는 그리스어 아모스 사본에서 이 번역을 제공했을까, 아니면 야고보가 공의회에서 구체적으로 이 형태를 인용했을까? 오늘날 우리가 아는 마소라 본문과 다른 이런 히브리어 본문이 있었던 것일까, 아니면 주석 작업을 통해 이 그리스어 문구가 들어왔을까?[47] 여러 가지 설명이 가능하다.

그러나 분명한 것은, 저 그리스어 형태가 야고보가 구속사의 이 결정적인 순간에 만들고 있는 연결을 확고히 해준다는 것이다. 예언자들이 선포한 하나님의 말씀에 따르면, 새로운 '다윗'의 통치 아래 '다시 세워질' 새로운 이스라엘은 유대인에게만 그치지 않고 전 세계로 확장되며, 따라서 온 인류 중에 남은 이들이 모든 민족에게서 나와 주님을 찾는

---

[46] 다음을 참고하라. Wolfgang Kraus, "The Role of the Septuagint in the New Testament: Amos 9:11-12 as a Test Case," *Translation Is Required: The Septuagint in Retrospect and Prospect*, ed. Robert J. V. Hiebert, SCS 56 (Atlanta: SBL, 2010), 171-90.

[47] 히브리어에서 '에돔'은 '사람'에 가깝다. 또한 히브리어로 '찾다'와 '소유하다'는 글자 하나만 다르다.

하나님의 백성이 될 수 있도록 한다.

서신서들과 요한계시록

로마서 11:26-27(이사야 59:20-21)

그리하여 온 이스라엘이 구원될 것이다. 이는 기록된 바대로,

> "구원은 시온으로부터(히브리어로, ~을 위해; 고대 그리스어 역본에는, ~을
> 대신하여)을 것이며,
> 그는 야곱으로부터 경건하지 않은 것을 추방할 것이다(히브리어로, 구원
> 은 시온에게, 범죄에서 돌아온 야곱 안의 이들에게 올 것이다).
> 그리고 내가 그들의 죄를 없이 할 때,
> 이것은 그들과 함께 하는 나의 언약일 것이다."

로마서 11장에서 이스라엘의 미래와 이방인의 접붙임에 대한 바울의 논의가 절정에 이르렀을 때, 그는 이사야 59:20-21을 인용한다. 이 인용문에서 눈여겨봐야 할 특징 중 하나는 구원자인 인물이 히브리어와 고대 그리스어 역본의 형태와는 대조적으로, 어떻게 시온'으로부터' 오는가이다. 바울은 하나님의 구원 계획이 전개되는 순서에 비추어 가장 최신 정보를 제공하는 듯하다. 아마도 천상의 '시온'**으로부터** 예수(또는 아버지)가 오기를 기대하고 있는 것 같다.

또 다른 특징으로, 바울은 구원자가 올 때의 행위를 고대 그리스어 역본에 의존해 묘사한다. 히브리어는 이스라엘의 회개에 책임을 두고,

그리스어는 그들을 죄에서 돌이켜야 할 구원자에게 책임을 돌린다. 둘 다 사실이지만(바울은 로마서에서 개인의 회개를 분명히 강조한다), 바울의 논증 중 이 단계에서는 그리스도의 종말론적 사역에 무게를 두는 이사야의 고대 그리스어 역본이 그의 목적에 더 부합한다.

로마서 14:10-11(이사야 45:23)

우리는 모두 하나님의 심판대 앞에 설 것이기 때문이다. 기록된 바대로,

> "주님이 말씀하시길, 내가 살아있는 동안 모든 무릎이 내게 꿇어야 할 것이고,
> 그리고 모든 혀가 하나님께 자백(히브리어로, **충성을 맹세**)해야 할 것이다."

로마서 14장이 끝날 무렵, 바울은 더 큰 심판관이 계시므로, 논쟁적인 문제 때문에 서로 심판하지 말라고 그리스도인들에게 권면한다. 그는 이사야 45장의 고대 그리스어 역본을 인용해 이 원리를 옹호한다. 그의 독자들은 이미 하나님께 '충성을 맹세'했으므로, 히브리어 문구는 별로 눈에 띄지 않았을 것이다. 오히려 쟁점은 그리스도인들조차 '하나님께 직고'해야 한다는 것이다(롬 14:12). 따라서 '하나님께 자백'이란 문구가 그의 핵심을 더 잘 전달해 준다. 그리스도인들은 주님께 무릎을 꿇고, 그분의 종말의 심판대 앞에서 자백할 것이다. 그러므로 우리는 지금 심판하는 행위를 하지 말아야 한다.

로마서 15:12(이사야 11:10)

그리고 다시 이사야가 말했다.

"이새의 뿌리가 올 것이다.
곧 이방인들을 다스리기 위해 일어나신(히브리어로, 민족들을 위한 신호로
서 서야 할) 분이다.
그분 안에서 이방인들은 소망할 것이다(히브리어로, 그에게 열방이 구해야
할 것이다)."

바울은 로마서에서 마무리 인사를 하기에 앞서, 일련의 구약 구절을 인
용해 편지에서 다룬 유대-이방인 주제를 뒷받침한다. 바울은 이사야
11:10의 고대 그리스어 역본을 근거로, 유대인인 '이새의 뿌리' 예수는
유대인과 이방인의 '통치자'이자 신호 깃발로서 '일어나신' 분임을 확고
히 하며, 로마서 3:29의 요점을 반영한다. 또한, 이방인이 그리스도 안
에서 '소망한다'는 개념은 히브리어의 '구한다'보다 로마서의 핵심 주제
(5:2 – 4; 8:20 – 24)에 더 적합하다.

고린도전서 2:16(이사야 40:13)

"누가 주님을 가르치기 위해 그의 정신을 이해(히브리어로, 영을 측량)했느
냐?" 그러나 우리는 그리스도의 정신을 가졌다.

고린도전서 1-2장의 더 넓은 문맥에서, 바울은 세상의 지혜와 그리스도인의 지혜를 대조한다. 그는 히브리어의 '성령' 대신 고대 그리스어 '정신'('누스'[nous])을 사용하고 이사야 40:13을 인용해서 이를 증명한다.[48] 이사야 40:13의 두 형태는 모두 단순한 인간은 하나님의 정신적 활동을 가늠할 수 없다고 강조하지만, 여기서는 그리스어 구약이 바울의 주장에 더 적합하다. 세상과 대조적으로 그리스도인들은 내주하는 하나님의 '영'(이미 고전 2:10-13에서 소개됨)을 가지므로, 우리가 그리스도에게 '정신'이 일치되는 한 하나님의 계시된 '정신'을 이해할 수 있다.[49]

갈라디아서 3:19, 히브리서 2:2(신명기 33:2)

> 그렇다면 율법은 왜 있습니까?⋯이는 중개자를 거쳐 <u>천사들</u>을 통해 마련됐습니다. (갈 3:19)

> <u>천사들</u>을 통해 선언된 말씀은 신뢰할 수 있다고 입증됐기 때문에⋯ (히 2:2)

갈라디아서 3:19과 히브리서 2:2 모두(행 7:53 역시) 천사를 통해 율법을 주셨다고 말한다. 출애굽기 19-20장과 신명기 5장을 훑어보면, 히브리어 성서는 모세가 율법을 받는 시내산 장면에서 천사들의 존재를 명시적으로 기록해두지 않는다. 어떤 이들은 신약 저자들이 여기서 유대 전

---

48   같은 구문이 롬 11:34에도 등장한다. 아퀼라와 심마쿠스는 이사야 40:13에 대해 이를 '영'(그리스어로, '프뉴마'[pneuma])이라고 읽는다.

49   다음을 참고하라. McLay, *Use of the Septuagint*, 150-53.

승에 의존한다고 주장한다.[50] 그럴 가능성은 있지만, 바울과 히브리서 저자가 그리스어 신명기 33:2에서 발견된 문구를 인유했을 가능성이 더 크다. 히브리어는 시내산에서 주님이 "만 명의 거룩한 사람"과 함께 있다고 묘사하는 반면, 고대 그리스어 역본은 "그분의 오른편에서 함께 있는 천사들"이라고 묘사한다. 신약 저자들은 이를 인유한 것으로 보인다.

히브리서 1:6(신명기 32:43)

다시 말하지만, 그가 첫 태생을 세상 속으로 보낼 때 말씀하시길,

"모든 하나님의 천사들은 그를 경배하라(히브리어로 생략된 어절)."

히브리서 1:5-14은 예수의 신성을 드높여 주장하기 위해 구약의 여러 구절을 인용한다. 히브리서 1:6이 그중 가장 인상적인데, 아버지께서는 천사들에게도 자신의 '첫 태생' 아들을 경배하라고 명령하신다. 이는 인간이 누릴 수 없는 지위이다. 그러나 인용된 본문은 더 긴 그리스어 신명기 32:43에서 가져온 것으로 마소라 본문에는 없는 내용이다(5장의 표 5.3 참고). 이 부분은 사해문서인 4Q44에도 등장한다. 따라서 히브리서에 사용된 고대 그리스어 역본의 문구는 짧은 마소라 본문 형태보다 더 이른 시기의 더 나은 본문을 반영한 것일 수 있다(이런 이유로 ESV 같은 일부 현대 성경들은 신명기 32:43을 복합 형태로 제시한다). 어떤 경우이든,

---

50   예, Jub. 1.26-28; 2.1; Josephus, *Ant.* 15.136; Philo, *Somn.* 1.141-43.

모세의 마지막 노래에서 나온 이 추가 문구를 통해 저자는 예수와 천사들 사이의 큰 격차를 납득시킬 수 있었을 것이다.

히브리서 10:5-6(시편 40[39]:6[7])

결국, 그리스도가 세상 속으로 오실 때 말씀하시길,

"번제와 제물을 당신은 바라지 않으셨고,

　　그러나 당신은 나를 위해 한 몸을 준비하셨다(히브리어로, 당신은 나

　　에게 열린 귀를 주셨다).[51]

번제와 속죄제를

　　당신은 기뻐하지 않으셨다."

이 시편의 마소라 본문은 '귀' 은유를 사용해 주인에게 속한 표시로 종의 귀를 뚫는 장면(출 21:6)을 떠올리게 하거나 주님께 순종할 수 있는 귀에 대한 시편 기자의 열망을 그려 내고 있다. 시편의 일부 고대 역본들도 '귀' 문구를 사용하지만,[52] 현존하는 그리스어 구약 사본 대다수에는 히브리서 저자가 사용한 '몸'이 포함돼 있다.[53] 학자들은 두 대안('귀'와 '몸')이 어떻게 생겨난 것인지 계속해서 논쟁 중이다. 시편 40편의 그리스어

51　더 구체적으로 "당신이 나를 위해 파놓은 귀"이다.

52　예, 갈리아 시편(Gallican Psalter), 아퀼라 개정본, 심마쿠스 개정본, 테오도티온 개정본.

53　특히, 괴팅겐 역본의 그리스어 시편에서는 이에 대한 증거 사본이 거의 없음에도 이 문자를 '귀'라고 교정했다.

번역가가 다른 히브리어 본문을 가지고 있었거나, 도중에 다른 누군가가 수사학적 이유로 그리스어 본문의 은유를 바꾸었을 수 있다.[54]

이렇게 생겨났든 그리스어의 '몸'은 히브리서에서 본질적인 핵심을 차지한다. 저자는 이스라엘 성전 체제에서 반복적으로 준비해야 했던 동물 몸의 '제물들'이 그리스도의 '몸'으로 드려진 단 한 번의 번제로 완성됐다고 주장한다. 그분이 성육신하여 '세상 속으로 오신' 주된 이유는 그분이 자신의 육체인 '몸'을 스스로 제물로 내놓기 위해서였다(히 10:5).

히브리서 10:37-38[하박국 2:3-4]

그러나 잠시 후에,

　　오실 이(히브리어로, 이것)는 오실 것이고 지체하시지 않으실 것이다.

　　그러나 나의 의로운 이(히브리어로, 의인)는 믿음으로 말미암아 살아야 할

　　　　것이나, 또한 만일 그가 뒷걸음친다면,

　　나의 영혼은 그를 기뻐하지 않는다(히브리어로, 보아라, 그의 영혼은 부풀어 올랐

　　　　는데, 그 안이 정직하지 못하기 때문이다).

바울은 로마서 1:17과 갈라디아서 3:11에서 하박국 2:3-4을 인용하여 '의로움'과 '믿음'을 연결함으로써 복음을 요약한다. 그러나 같은 구절이 히브리서에서는 그리스어 구약의 구체적인 내용 때문에 다르게 사용됐다.[55] 첫째, 하박국 2:3의 고대 그리스어 역본 문구에 기대 저자는 그리

54　다음을 참고하라. Karen H. Jobes, "Rhetorical Achievement in the Hebrews 10 'Misquote' of Psalm 40," *Bib* 72, no. 3 (1991): 387-96.

스도와 영원한 상급을 나눠줄 '오실 이'를 직접 연결한다(히 10:35-36). 둘째, 히브리서는 고대 그리스어 역본 문구에 따라 하박국 2:4을 "믿음으로 말미암은" 그리스도인의 인내에 적용한다. 하나님께서 이미 의롭게 한 사람("나의 의로운 이")은 믿음으로 말미암아 견뎌야 할 뿐만 아니라, '뒷걸음'도 거부해야 한다(히 10:39). 달리 말해, 그리스어 하박국의 예언은 신약에서 이중 책무를 수행한다. 이는 바울의 칭의 교리(의로움의 수단으로서 믿음)와 히브리서의 인내 교리(견뎌 내는 믿음)를 뒷받침한다.

요한계시록 2:26-27(시편 2:9)

정복하는 자와 끝까지 내 일을 지키는 자, 그에게 나는 민족들을 다스릴 권세를 줄 것이고, 그는 쇠 지팡이를 가지고 질그릇을 조각조각 부수듯이 그들을 <u>인도할 것이다</u>(ESV 난외주; 히브리어로, **부술 것이다**). 이는 나 자신이 나의 아버지로부터 권세를 받은 것과 같은 것이다.[56]

요한계시록 2:26-27에서 암시된 시편 2:9의 문구는 히브리어('부수다')보다 고대 그리스어 역본('인도하다')과 일치한다. 히브리어는 더 폭력적이므로 확실히 요한계시록의 주제와 잘 맞을 수 있다. 그러나 고대 그리스어 역본을 채택함으로써, 요한은 종말론적 '목자'로서의 다윗계 메시아

---

55   다음을 참고하라. Wolfgang Kraus, "Hab 2:3-4 in the Hebrew Tradition and in the Septuagint, with Its Reception in the New Testament," in *Septuagint and Reception: Essays Prepared for the Association for the Study of the Septuagint in South Africa*, ed. Johann Cook, VTSup 127 (Leiden: Brill, 2009), 101-18.

56   ESV는 "그는 쇠 지팡이로 그들을 다스릴 것이다"라고 읽지만, 그리스어 '포이마네이'[*poimanei*]를 "그가 인도할 것이다"로 바꾸는 것이 더 나은 번역이다.

라는 구약의 주제(예, 겔 34:23-24)를 죽임 당한 '어린 양'으로서의 예수와 연결할 수 있게 되었다. 요한은 요한계시록 7:17에서 '어린 양'이 보좌에 앉아 성도들을 '인도'하는 장면에서 이러한 이미지를 결합한다. 요한은 여기서 멈추지 않고 더 나아간다. 그는 시편 2:9의 그리스어 형태를 두 번 인유하여(계 12:5; 19:15), 예수가 이스라엘뿐만 아니라 사실 모든 이방 '민족들'을 '쇠 지팡이를 가지고 인도'할 것임을 보여 준다.

간추린 말

신약 저자들이 전통적인 히브리어 본문에서 벗어나 그리스어 구약 쪽으로 기울어지는 예를 더 들 수도 있지만, 지금까지 살핀 구절만으로도 충분하다. 크고 작은 방식으로 그리스어 전승(전형적으로 고대 그리스어 역본)은 그리스어 번역가들의 구약 주석을 통해 신약 신학에 뚜렷한 영향을 미쳤다. 그리스어 구약이 오늘날의 독자들에게 중요한 이유는 사도인 저자들이 말하는 요점을 이해하는 데 필수적인 경우가 많기 때문이다.

끝맺으며

이번 장의 목적은 신약의 연구에서 그리스어 구약(또는 '칠십인역')의 중요성을 소개하는 것이었다. 이 장의 핵심을 종합해 몇 줄의 말로 결론을 맺고자 한다.

첫째, 해석가들은 신약에서 구약의 인용문을 사례별로 다뤄야 하며 모든 증거를 포함해야 한다. 신약에서 구약의 용법을 추적할 때는 많은 요소가 작용한다. 신약 저자는 알려진 히브리어 형태 또는 알려진 그리스어 형태를 가져왔을 수 있고, 둘을 조합했을 수도 있다. 그리고 기억, 구두 전승, 또는 더 이상 구할 수 없는 출처에서 인용하여 문구가 변형됐을 수도 있다. 신약과 인용된 구약 구절의 관계는 직접적이지만, 때로 그렇지 않을 때도 있다. 따라서, 오늘날 성서를 연구하는 학생들은 신약 저자의 요점을 파악하기 위해 모든 증거(특히 그 중 그리스어 구약)를 고려해 각 사례를 개별적으로 다루어야 한다. 이런 작업에는 많은 노동을 쏟아야겠지만, 결과는 그만한 가치가 있다.

둘째, 신약 연구생들은 그리스어 구약을 폭넓게 읽음으로써 주해 기술을 연마할 수 있다. 신약의 모든 독자가 직면하는 유혹은 '과도한 주해'이다. 즉 주어진 명사, 전치사, 동사 또는 구문론적 특징에서 작은 의미까지 쥐어 짜내는 것이다. 그리스어가 일종의 마법 해독기라는 (잘못된) 개념에서 비롯된 습관일 것이다. 이를 피하는 한 가지 방법은 신약 시대의 언어를 반영하고 이에 직접적으로 영향을 미친 그리스어 구약을 읽는 것이다. 직접적으로(추천하는 바) 또는 영어로라도(필요하다면) 그리스어 구약을 반복적으로 읽어 익숙해진다면,[57] 신약의 단어와 구절에 더 냉정하게 접근하는 방식을 배울 것이다.[58]

그 반대의 경우도 마찬가지이다. 그리스어 구약을 자주 접한 독자는 신약에서 주목할 만한 단어나 구절을 마주쳤을 때 '과소한 주해'를 피할 수 있다. 예를 들어, 마태복음 2:2의 일부 번역은 탄생 "별"이 "동쪽에

---

57 New English Translation of the Septuagint(NETS)이나 Lexham English Septuagint(LES)가 이용 가능하다.

58 가장 좋은 예가 남용되는 부정과거 동사이다. 그리스어 구약에서 49,000번이 넘는 부정과거 동사를 마주친 독자라면 신약에서 부정 과거형을 볼 때 너무 많은 의미를 과도하게 부여하지 않을 것이다.

서" 보였다고 말하는데, 이는 단순한 지리적 세부 사항을 의미할 뿐이다. 그러나 그리스어 구약에 익숙한 사람이라면 "떠오르는 쪽에서"가 더 나은 번역임을 알아차릴 것이다. 왜 그럴까? 왜냐하면 마태는 약속된 이스라엘 왕을 "떠오를 별"로 묘사한 발람의 신탁(민 24:17)의 그리스어 문구를 인용하고 있기 때문이다. 결과적으로, "떠오르는 별"이라는 '칠십인역'의 소리를 듣는다면 독자는 마태복음 속 문구의 의미를 더 깊이 이해할 수 있으며, 동방박사들이 가장 먼저 이스라엘의 새로운 왕을 찾은 이유를 이해할 수 있을 것이다. 달리 말해, 그리스어 구약은 신약의 많은 핵심 단어와 구절의 미묘한 의미를 이해하는 시작점이라고 할 수 있다.

셋째, 신약 저자들의 구약 사용('성경'이라고 말하며 인용하기까지 하는)을 진지하게 성찰할 필요가 있다. 그리스어 구약은 (주의할 점이 있지만) 사도적 교회의 '회중 성경'이었다. 그러나 5장과 이번 장에서 다루었듯, 자구가 오늘날 번역의 기본인 히브리어와 항상 일치하지는 않는다. 그리고 많은 경우 이런 다양한 자구는 신약 저자들에 의해 **성경으로서** 인용된다. 예를 들어, 히브리서 3:7은 상당히 높은 주장인 "성령이 말씀하신다"라는 시편 95[94]:7-11을 인용하며 시작한 다음, 전통적인 히브리어와 네 차례 다른 그리스어 형태를 사용한다. 이는 여러 가지 중요한 질문을 제기한다. 어느 쪽이 직접 영감을 받은 것인가? 어느 쪽이 권위 있는 것인가? 오늘날 교회는 신약 저자들이 반복적으로 사용했던 그리스어 구약에 어떻게 접근해야 할까? 이런 질문들은 신중하게 고려돼야 한다. 다음 장에서 다루어 보기로 하자.

7장

칠십인역은
어떤 권위를 갖나?

이 책은 이제 가장 중요한 지점에 도달했다. 앞서 우리는 그리스어 구약을 알기 위해 복잡한 자료들을 면밀히 살폈다. 우리는 많은 고대 사본이 로마가톨릭교회와 정교회는 채택하지만 개신교(또는 유대교)는 채택하지 않는 외경을 포함하고 있음을 보았다. 그리스어와 히브리어 사이의 책의 형태나 구체적인 문구가 다른 점들도 살폈다. 신약 저자들은 우리가 오늘날 사용하는 히브리어 구약과 다른 그리스어 구약을 자주 인용했다는 사실도 알았다.

이제 그 의미를 논의해야 할 때이다. 오늘날 우리는 '칠십인역'을 어떻게 다뤄야 할까? 더 정확히 말해, 성경의 본질을 명시하는 교회의 교리와 그리스어 구약은 어떻게 어우러질 수 있을까? 달리 말해, 그리스어 구약은 오늘날 어떤 권위를 갖는가?

최근 수십 년, 교회 안에서 그리스어 구약에 관한 학문적 관심이 싹트면서 양극화 현상이 일어났다. 한쪽 극단에서는 오늘날 개신교 교회가 (정교회처럼) 마소라 히브리어 본문을 덜 고수하거나 심지어 고수하지 말고 '칠십인역'을 권위 있는 구약 본문으로 채택해야 한다고 주장한다.[1] 근본적인 이유는, 사도들과 초기 교회가 유대인의 뿌리가 되는 히브리어로 돌아가는 대신 새로운 언약 시대를 위한 본문으로 '칠십인역'을 사용했다면, 오늘날 교회도 똑같이 해야 한다는 것이다.

반대편 극단에서는 그리스어 구약에 대해 침묵하거나 아예 알지 못한다. 보통 평신도들이 그렇다. 실제 이 책을 쓰게 된 주요 동기는 이 격차를 좁혀보기 위해서였다. 그러나 '복음주의 학자 중에서도 진정한 복음주의 학자'가 성경의 권위를 다룬 1,200쪽이 넘는 책에서 그리스어 구약의 관련 쟁점을 단 두 페이지의 분량으로 언급했다는 사실이 생생하게 보여 주듯,[2] 이런 격차는 생각보다 큰 문제이다.

그렇다면 어느 쪽이어야 할까? 오늘날 교회에서 '칠십인역'은 구약으로서 온전한 권위를 지녀야 하는가?[3] 아니면 난외주에서 권위를 언급

---

1   다음에서 이를 뚜렷이 주장한다. Robert W. Funk, "The Once and Future New Testament," *The Canon Debate*, ed. Lee Martin McDonald and James A. Sanders (Peabody, MA: Hendrickson, 2002), 541-57, esp. 542, 546; Møgens Müller, "The Septuagint as the Bible of the New Testament Church: Some Reflections," *SJOT* 7, no. 2 (1993): 194-207; Müller, *The First Bible of the Church: A Plea for the Septuagint*, JSOTSup 206 (Sheffield: Sheffield Academic Press, 1996); Martin Hengel, *The Septuagint as Christian Scripture: Its Prehistory and the Problem of Its Canon* (Edinburgh: T&T Clark, 2002).

2   D. A. Carson, ed., *The Enduring Authority of the Christian Scriptures* (Grand Rapids, MI: Eerdmans, 2016); "…이들 중에…한 이"라는 표현은 이 책의 뒤표지에서 가져왔다. 여기서 염두에 둔 글은 다음과 같다. Stephen J. Dempster, "The Old Testament Canon, Josephus, and Cognitive Environment," 321-61. 놀랍게도 Douglas J. Moo와 Andrew David Naselli의 글인 "The Problem of the New Testament's Use of the Old Testament," 702-46은 전적으로 해석학에 초점을 맞추고 있으며, '칠십인역'을 거의 언급하지 않는다. 우리가 언급하는 이유는 이 책을 비난하려는 것이 아니라, 명백한 누락으로 보이는 바를 지적하려는 것이다.

하는 정도면 될까? 또는 이 사이 어딘 가에 정답이 있다면, 성경에 관한 교리에서 그리스어 구약은 그 위치를 어떻게 잡아야 할까?

이 쟁점을 다루기 위해 우선 '권위' 자체를 **신앙 공동체 안에서 본문이 진리를 선언하고 실행하는 방식**으로 (불완전하게나마) 정의하고, 매우 세밀하게 접근할 예정이다. 표 7.1의 요약처럼 세 가지 다른 권위의 형태를 설명하고 그리스어 구약은 이 그림에 어떻게 들어맞는지 분명히 밝힐 것이다.

표 7.1 '권위'의 체계

규범적 권위	파생적 권위	해석적 권위
성경. 즉 인간 저자를 통해 하나님으로부터 직접 영감 받은 계시로, 신앙과 실천의 문제를 판단하는 데 사용된다.	명백히 규범적 성경에서 파생됐으며, 교회의 특정 공동체 안에서 하나님의 말씀으로서 정당한 역할을 수행한다.	더 넓은 교회 전통으로서, 성경에 관해 조명하고 덕을 세우는 주석의 역할을 한다.

규범적 권위는 성경의 단어(또는 본문)를 주어진 그대로 다루는 반면, 파생적 권위는 **의미**를 포착하고 전달하는 작업을 다룬다. 해석적 권위는 이보다 훨씬 더 아래 단계이다.

간단히 비유해 보면, 부모가 "통금 시간은 밤 10시"라고 정해 놓은 귀가 규칙은 규범적 권위를 지닌다. 이 집에 머무는 외국인 교환 학생을 위해 이 문구를 번역하려면("El toque de queda de casa es a las 10 p.m. 귀가 통금 시간은 밤 10시입니다."), 부모의 선언을 문자 그대로 똑같이 옮기

---

3   구약과 오늘날 교회가 맺는 실질적인 관계를 전적으로 부정하는 고대 마르키온주의와 신마르키온주의는 일단 제쳐두었다.

는 대신 말의 의미를 포착한 후 적절한 단어를 떠올려 그 의미를 담아야
한다. 이렇게 파생적 권위를 갖게 된다. 그리고 이 집의 한 자녀가 다른
자녀에게 "밤 10시까지는 집에 와!"라고 상기시키는 말은 해석적 권위
를 지닌다고 할 수 있다.

규범적 권위

고대 이스라엘 시대부터 사도적 교회에 이르기까지, 규범적 권위가 있
다고 여겨지는 곳은 (명확성을 위해) **성경(들)**이라고 칭하는 것에 사람들
이 기록한, 직접적으로 영감 받은 하나님의 언어 행위(화행, speech-act)
다. 구약은 이런 기록 모음집을 "만군의 주님께서 옛 예언자들을 통해
그의 영으로 보내신 법과 말"(슥 7:12)이라고 적확하게 묘사한다. 이어
신약은 이런 성경을 "하나님이 숨을 불어넣어 유익"하며(딤후 3:16), 옛
예언자들을 통해 하나님의 영으로 직접 받은 것이라고(예, 눅 1:70; 벧전
1:10-12) 묘사한다.

그렇다면 이런 질문을 던질 수 있다. 규범적 성경은 어디에 있는가?
정경(책들)과 본문(복원해 낼 수 있는 이런 책들의 문구)의 모든 측면에서, 우
리는 모든 증거가 히브리 성서를 지목한다고 주장한다. 그리스어 구약
이 히브리 성서의 역사를 밝히는 데 아무리 가치 있다 해도 규범적 권
위를 지닌 것으로 대체해서는 안 된다.

정경

5장에서 다룬 구약의 '경계' 논의를 다시 살펴보자. 우리는 이제 규범적

권위를 담고 있는 책들의 모음집으로서 **정경**을 더 정확하게 정의 내릴 수 있다. 유대교, 개신교, 로마가톨릭교회, 정교회는 핵심 책들(창세기-말라기)에 대해서는 완전히 일치하지만, 로마가톨릭교회와 정교회의 신앙 전통은 유대 문헌의 그리스어 전서에 포함되는 다른 책들, 마카베오 1-2서(상하), 토빗 같은 책들도 크게 '제2정경'으로 포함한다. 단순히 여러 '정경들'이 존재하기 때문에 전체 문제는 여전히 해결되지 않았다고 주장하는 이들도 있다. 그렇다면 외경의 책들을 전부 받아들이면 되지 않는가?

이런 접근은 **성경**(Scripture)과 **정경**(canon)을 혼동한 처사이다. 성경은 하나님의 언어 행위에 대한 영감된 기록으로, 그야말로 성경이다. 그러나 정경은 무엇이 성경으로 인정되어야 하는지 분별해 온, (잠재적으로) 오류 가능성이 있는 인간 행위의 결과이다.[4] 따라서 정경 목록은 성경인지 아닌지를 정확하게 분별하는 외부적 기준에 따라 '옳다' 또는 '잘못됐다'라고 판단될 수 있다.[5] 이런 점에서 모든 전통이 공유하는 전통적인 세 가지 히브리 정경은 역사적인 증거로서 더 중요한 대접을 받지만, 외경을 포함하는 이른바 '칠십인역' 정경(Septuagintal canon)이나 '알렉산드리아' 정경은 그렇지 않다.

---

4   구별된 성경(본질적인 고유의 '종교적 권위')과 정경(외부에서 작업한 '성경의 목록')에 관해 다음을 참고하라. Tomas Bokedal, *The Formation and Significance of the Christian Biblical Canon: A Study in Text, Ritual, and Interpretation* (London: Bloomsbury, 2014), 18.

5   (교황의 명령이나 공의회의 결정이 아닌) 성경의 자기인증과 성령의 인도를 통해 정경인 책들을 **올바르게** 받았다고 확신한다는 점에서, 개혁주의/개신교회의 입장은 로마가톨릭교회와 가장 큰 차이를 보인다.

율법(토라 또는 오경), 예언서, 성문서의 세 가지 성경 모음집은 성서 시대에 등장하기 시작했다.[6] 후대 책들은 반복적으로 '모세의 율법'(예, 수 8:31-32)을 참조하고 창세기-신명기(예, 열왕기하 14:6)를 구체적으로 인용한다. 비슷하게, 예언서의 책들도 구약의 다른 곳에서 인용된다. 이를테면, 예레미야는 미가를 사용하고(렘 26:16-18) 에스라와 다니엘은 예레미야를 사용한다(스 1:1; 단 9:2). 성문서도 다른 책들에서 참조되거나 다시 사용된다(예, 왕상 4:32). 더욱이 스가랴가 '율법'과 '옛 예언자들'(슥 7:12)을 언급한 것으로 볼 때, 대략적인 세 가지 형태('율법', '예언서', '지혜')는 예레미야 18:18과 에스겔 7:26 이후 등장한 것으로 보인다.

세 가지 정경이란 인식은 제2성전기에 구체화된다. 벤 시라의 서문에서 "우리에게 **율법**과 **예언서**와 이것들을 따르는 **다른 것들**을 통해 많은 훌륭한 가르침이 주어졌다"라고 가장 처음 언급됐다. 사해문서(4Q397 Fragment. 14-21), 마카베오 2서(하) 2:13-14, 마카베오 4서 18:10-18, 필론의 『숙고하는 삶에 대하여』(De Vita Contemplativa), 요세푸스의 『아피온 반박문』(Against Apion) 1.38-14에도 비슷한 진술이 발견된다. 이 시기에는 아직 성문서를 일컫는 명칭이 표준화되지 않았지만, 기본적으로 세 가지로 분류한 흔적이 눈에 띈다. 세 가지 모음집에 관한 가장 확실한 유대교의 승인은 탈무드에서 확인할 수 있다(B Bat. 14b, 대략 AD 150-180년 탄나임 금언집).

신약을 보면, 세 부분 모두에서 여러 번 인용하였을 뿐만 아니라, '율

---

6   히브리어로, '토라'[Torah], '느비임'[Nevi'im], '케투빔'[Ketuvim]이라고 한다(줄여서 타나크라고 한다).

법과 예언서'라는 언급도 매우 많다(예, 마 5:17; 7:12; 11:13; 22:40; 요 1:45; 행 13:15). 그러나 결정적인 진술은 엠마오로 가는 길 위, 예수의 가르침에서 발견된다. "**모세의 율법**과 **예언서**와 **시편**에서 나를 두고 기록된 모든 말씀은 반드시 다 이루어져야 한다"(눅 24:44).[7] 구약을 해석하는 방식에 관한 모든 논쟁에서, 예수와 바울은 정경적 경계에 대해 이의를 제기하지 않는다. 모든 증거가 시사하는바, 가장 초기의 기독교 공동체는 유대의 세 가지 정경을 받아들였다. 그들이 가진 유대인의 뿌리를 고려한다면, 당연히 그러지 않았을까?

이 세 가지 모음집에 특정 책들을 포함해도 되는지에 대한 논쟁은 틀림없이 있었다(특히 에스더, 전도서, 아가서). 그러나 율법, 예언, 성문서라는 성경의 세 가지 틀 자체는(그리고 핵심으로 확실하게 자리 잡은 특정한 책들은) 초기 유대교와 기독교에서 논란의 대상이 된 적이 없었다.

'알렉산드리아' 정경 신화

물론 외경을 두고 벌어진 초기 논쟁은 옥에 티 같은 일이다. 외경의 문헌들은 구약 전서의 끝에 붙어 있어서 마치 후대의 코덱스로 포함된 듯 보인다. 그 결과, 일부 학자들은 팔레스타인에서는 더 좁은 범위의 세 가지 히브리 정경이 지배적이었으나, 이집트에서는 더 넓은 범위의 정경이 지배적이었다고 가정한다. 초기 기독교는 알렉산드리아의 그리스어 구약 본문을 사용했기 때문에 암묵적으로 이를 정경으로 지지했을 것이라는 추론에서 나온 결과였다.[8] 이런 논리는 실제 많은 교회가 외경

---

7   여기서 '시편'은 성문서 전체를 가리키는 제유법으로 사용됐을 가능성이 크다.

8   Karen Jobes는 개신교가 그리스어 구약에 냉소적인 경향은 이런 추론 때문이라고 말한

을 사용했다는 사실과 더불어 외경을 지지했던 아우구스티누스의 입장으로 이어졌고, 히에로니무스에 의해 시간을 두고 시정됐다. 개신교회는 후자를 따랐고, 두 가지 논증은 그것이 올바른 조치였음을 시사한다.

첫째, '알렉산드리아' 정경을 거부해야 할 본질적 이유가 있다. 유대교와 기독교의 정경적 사고방식은, 성경은 하나님이 이스라엘과 맺은 언약을 기록한 문서라고 주장한다. 우리는 이를 구약 자체(출 31:18; 시 50:16), 유대 문헌(시락서 24:23; 마카베오 1서[상] 1:56-67), 교부들의 글(오리게네스 『요한복음 주석』[Comm. Jo.] 5.4; 에우세비우스의 『교회사』[Hist. eccl] 3.9.5)에서 확인할 수 있다. 여기에 더해, 언약적 성경은 이스라엘에서 예언자가 활동했던 시대에만 하나님에게 받은 것이다. 그러나 에스라와 느헤미야 시대 이후, 이스라엘은 언약의 저주인 포로 상태로 널리 흩어졌으며(예, 약 1:1; 벧전 1:1), 말라기 이후 권위를 가진 예언자의 말은 중단됐다.[9] 따라서, 외경과 같은 후대의 문헌들은 정의상 언약적이거나 예언적이라고 간주될 수 없다.[10]

둘째, '알렉산드리아' 정경을 거부해야 할 외적인 이유가 있다. 이집트의 유대인들이 그린 규범적인 경계가 이스라엘의 유대인들과 달랐다는 구체적인 증거가 없다.[11] 게다가 알렉산드리아의 중요성에도 불구하고,

---

다. "When God Spoke Greek: The Place of the Greek Bible in Evangelical Scholarship," *BBR* 16, no. 2 (2006): 219-36. 분명히 하자면, 칠십인역의 지지자 중에는 외경을 채택하지 않는 이들도 있다(예, 헹엘).

9   다음을 참고하라. 마카베오 1서(상) 4:46; 아사랴의 기도 15; 요세푸스, *Ag. Ap.* 1.8; 바룩 2서 85.2; 히 1:1.

10   이에 관해 다음을 참고하라. Robert Hanhart's prologue to Hengel, *Septuagint*, 3. 구성 언어를 근거로 히브리 정경을 옹호하기도 하지만, 이런 추론은 일부 외경 책이나 히브리어에서 기원한 책과 같은 다른 유대 문헌에 의해 약화된다.

11   Müller도 인정한다. *First Bible*, 39 – 40.

예루살렘은 AD 70년까지 유대교 안에서 강력한 중심지로 남아 있었다. 만일, 사도 운동이 어딘가로부터 그들의 구약 정경에 관한 방향을 잡으려 했다면, 이는 알렉산드리아가 아닌 예루살렘이었을 것이다. 그리스어로 된 성서 코덱스에 다양한 외경 책이 포함된 이유는 당시 이를 제작한 그리스도인들의 읽기 습관이 반영된 것일 뿐이며(헤르마스의 목자와 클레멘스 1서를 포함한 코덱스도 있다), 수백 년 전의 알렉산드리아 정경은 반영되지 않았을 가능성이 크다. 오늘날에도 학습용 성경에 에세이, 색인, 지도가 포함되어 있지만, 이러한 항목들이 정경과 동등하다는 것을 의미하지는 않는다.

요컨대, 가장 강력한 증거가 시사하는 바는, 세 가지 히브리 책 모음집에만 규범적 성경이 있다는 것이다.

본문

외경의 규범적 권위와 관련한 실행적 논의를 제쳐 두더라도, 여전히 중요한 질문이 남아 있다. 정경 책 중에서 어느 **본문**이 규범적인가, 히브리어인가 아니면 그리스어인가? 우리가 내린 정의를 신중하게 들여다보면, 마소라 본문을 비롯한 모든 증거를 가지고 최선을 다해 재구성한 히브리 본문이 분명히 오늘날 교회를 위한 규범적 권위를 가진다. 이는 일부 유대교 저자들, 신약 저자들, 그리고 초기 그리스도인들이 그리스어 구약을 사용했다는 사실로도 변하지 않는다. 왜 그런지 알아보자.

표준 문서의 존재

앞서 설명했듯, 그리스어로 된 여러 개정본, 사해문서, 사마리아 오경 등 고대 그리스어 역본의 전승은 구약이 우리에게 오기까지 얼마나 복잡한 과정을 겪었는지 또렷이 보여 준다. 현대 영어 번역의 난외주에서도 이를 인정한다(예, 신 32장에 관한 ESV 난외주). 이런 복잡한 과정 때문에 특별한 비평적 설명이 등장하기 시작했다. 대다수 성서 책들의 다양한 변형은 처음부터 일관성을 고려하지 않고 회람됐기 때문에, 본문의 복수성을 살피려면 고대 이스라엘까지 거슬러 올라가야 한다. AD 135년 이후 소란이 가라앉은 후에, 한 주요 유대 집단(바리새파)과 더불어 하나의 본문 전승이 생겨났고,[12] 이것이 결국 마소라 본문이 됐다. 그렇다면, 표준화된 히브리 문서가 등장하기 전에 탄생한 기독교는 히브리어가 아니라 사도들의 '칠십인역' 본문을 규범적 권위로 채택하는 편이 나았을 것이다.

1장에서 몇몇 실마리를 가져오면 설명이 더 정확해진다. 이스라엘의 서기관들은 규범적 성경을 기록할 때마다 사본을 먼저 언약궤 안에 보관하였고(출 25:16; 신 10:1-5; 31:24-26),[13] 그다음에는 성전 경내에(삼상 10:25; 왕하 22:8; 요세푸스, 『아피온 반박문』 3.1.7; 5.1.17; 『아리스테아스의 편지』 176; 마카베오 1서[상] 1:54-57; 마카베오 2서[하] 2:13-14), 그리고 마지막으로 바빌론 유배기 이후에 등장한 회당의 두루마리 보관함에(필론, 『숙고하는 삶에 대하여』 25; 눅 4:16-20) 보관했다. 따라서 성전 보관소와 관련된 제사장들은 어떤 두루마리를 보관할지 결정하는 일뿐만 아니라(정경 문제), 시간이 지남에 따라 필사될 본문을 추리고(신 17:18-19) 조율하고

---

12   다음에서 주장하는 의견이다. Timothy M. Law, *When God Spoke Greek: The Septuagint and the Making of the Christian Bible* (Oxford: Oxford University Press, 2013).

13   David M. Carr, *Writing on the Tablet of the Heart: Origins of Scripture and Literature* (Oxford: Oxford University Press, 2005), 160-61.

(렘 36:32) 마침내 검증된 형태를 결정하는 일까지 중대한 역할을 도맡았다. 이와 같은 중앙집권적인 성전 기능은 다른 고대 집단 사람들이 그들의 성문서를 전달하는 방식과 크게 다르지 않았다.[14] 요컨대, 왕정 서기관들과 제사장들은 1세기 훨씬 전에 표준 히브리어 본문을 관리했다.

바빌론 유배기와 그 후의 혼잡한 시기를 거치면서 과정은 더 복잡해진다. 제사장, 서기관 및 다른 유대 지식인층은 바빌로니아와 (후대) 페르시아와 그리스 제국 전역으로 뿔뿔이 흩어졌다(왕하 24:14-15; 렘 24:1). 히브리 성서도 이들과 함께 흩어졌다. 성서를 필사하고, 읽고, 마침내 번역하는 과정에서 일찍이 본래 표준화되었던 본문에는 크고 작은 부분적 변형이 발생하기 시작했다. 이런 변덕스러운 환경에서(인쇄 기술이나 컴퓨터가 나오기 훨씬 전이었다는 것을 고려하면) 우리가 발견한 것보다 **더 많은** 변형이 일어나지 않았다는 것은 정말 놀라운 일이다.

성전은 에스라와 느헤미야의 지도 아래 다시 건축됐고, 제사장 겸 서기관들이 히브리 본문의 '최종판'(master version)을 보존하고 전달하는 보관소 기능을 재개했다(예, 마카베오 2서[하] 2:13-14; 요세푸스, 『아피온 반박문』 3.38; 4.303; 5.61).[15] 이 표준 본문의 존재는 학자들이 '원시-마소라 본문'으로 분류하는, 유대 사막에서 발견된 일련의 본문에 의해 더욱 여

---

14 다음은 이를 간추린다. Peter J. Gentry, "MasPs[a] and the Early History of the Hebrew Psalter: Notes on Canon and Text," *Studies on the Intersection of Text, Paratext, and Reception: A Festschrift in Honor of Charles E. Hill*, ed. Gregory R. Lanier and J. Nicholas Reid, TENTS 15 (Leiden: Brill, 2021).

15 '최종 필사본'(master copy)과 공식 '교정자' 서기관에 대한 랍비의 증명에 대한 논의는 다음을 참고하라. Emanuel Tov, "The Text of the Hebrew/Aramaic and Greek Bible Used in the Ancient Synagogues," *Hebrew Bible, Greek Bible, and Qumran: Collected Essays*, TSAJ 121 (Tübingen: Mohr Siebeck, 2008), 177-80. 다음 또한 참고하라. Peter J. Gentry, "The Text of the Old Testament," *JETS* 52, no. 1 (2009): 19-45.

실히 드러난다. 사해 주변에서 발견된 비표준 본문이 가득한 환경에서 이 사본들은 권위 있는 표준 본문에 의해 규범화된 것으로 보인다.[16]

따라서 마소라 전승은 수 세기에 걸쳐 규범적 본문을 보존하고자 애쓴 과정의 종착점이라고 할 수 있다. 마소라 본문은 비록 불완전하지만, 마소라 학자들도 그들이 남긴 주석에서 인정하듯 표준 성전 본문을 재구성하는 데 있어 무엇보다 훌륭한 출발점으로 남아 있다.

요컨대, 히브리 성서의 권위 있는 대부분의 고정된 본문은 적어도 BC 2세기까지 표준화됐고 예루살렘 성전과 연관되었다. 이를 밝히는 명백한 증거가 곧 후대의 다양한 본문들이다. 본문의 전승을 강으로 비유한다면, 우리는 그것을 운하로 밀려들어 가는 수많은 상류수가 아니라 나중에 갈라진 하나의 강으로 보아야 한다.

그리스어 구약의 존재 및 편집

분명해 보이더라도 논쟁 중에는 길을 잃게 마련이다. '칠십인역'이 히브리어 원문을 번역한 모음집이라는 사실 자체가 해당 원본의 우위를 나타낸다. 번역의 목표는 원본을 대량 생산하여 대체하려는 것이 아니라 그것에 더욱 가까이 접근하기 위함이다. 그리스어 번역과 이후의 개정본들, 즉 아퀼라, 심마쿠스, 테오도티온의 개정본과 카이게 운동에는 히브리어에 가깝게 수정하려는 경향이 있다. 이는 그리스어 전승을 교정한 규범이지, 그 반대가 아니다.

---

16 Tov, "Text", 179-81. 많은 쿰란 두루마리 문서들은 원시-마소라 본문과 상당히 가까운 본문을 보존하고 있으나, 마사다(Masada)나 무라바아트(Muraba'at) 같은 유대 사막의 다른 유적지에서 나온 본문과는 거의 비슷한 부분이 없다. 이 모든 사본은 사실 히브리 성서의 현대 비평본의 기초가 되는 레닌그라드 코덱스와 본질적으로 같다. Tov, "Text," 176.

비록 『아리스테아스의 편지』의 의도는 여전히 논의 중이지만(2장 참고), 적어도 저자는 '칠십인역'이 히브리어와 정확히 일치하며 그 권위를 지닌다고 믿었기 때문에 '칠십인역'을 옹호하는 입장이었다는 점이 중요하다. 그는 왕에게 보낸 편지 내용을 인용하면서 말하길, "유대 율법 책들은…히브리어 문자와 언어로 기록됐으며, 부주의하게 해석돼서 원문을 대변하지 못합니다."[17] 이런 문제를 수정한 결과, 번역은 그 자체의 권위만이 아니라 규범적인 히브리 원문의 권위까지 드러냈을 것이다. 초기 교회 역시 이와 비슷했으나, 이점은 대개 눈에 띄지 않는다.[18] 오리게네스는 그리스어 구약의 본문(들)을 분명히 높이 평가하지만, 그의 핵사플라의 처음 두 단을 히브리어에 할당해 히브리어의 중요한 위치를 밝힌다. 당시 '칠십인역' 본문의 회람을 옹호했던 다른 교부들은 (아퀼라 개정본에 반대하며) 그렇게 하지 않았는데, 그들은 충분히 그리스어가 히브리어를 대체할 수 있다고 여겼기 때문이다. 오히려 그리스어가 히브리어와 연결돼 있고 정확히 반영한다고 여겼기 때문에 높은 가치를 매겼다. 심지어 아우구스티누스조차 강력하게 그리스어 오경을 지지했다. 그러면서도 그는 히브리어의 중요성을 인정했는데, 특히 신약 저자들이 실제 그리스어 외에 히브리어를 사용했기 때문이다.[19]

---

17   Let. Aris. 30.

18   다음 논의를 참고하라. Edmon L. Gallagher, "The Septuagint's Fidelity to Its *Vorlage in Greek Patristic Thought*," *XIV Congress of the International Organization for Septuagint and Cognate Studies, Helsinki, 2010*, ed. Melvin K. H. Peters, SCS 59 (Atlanta: SBL, 2013), 663-76; Gallagher, *Hebrew Scripture in Patristic Biblical Theory: Canon, Language, Text*, VCSup 114 (Leiden: Brill, 2012), 143-208.

19   Augustine, *Civ.* 18.43-44.

간추리면, 지금껏 살핀 증거가 시사하는바, 규범적 성경은 '칠십인역'이 아니라 예루살렘 성전의 제사장들과 서기관들의 주도로 전해진, 예언자들의 기록인 표준 히브리어 문서에 언제나 위치해 왔다. 표준 성전 본문을 한 번에 담은 실제 사본은 부족한 반면 비표준 본문들은 다양하다는 사실이, 고대에 존재했으며 복원된 문서가 오늘날에도 규범적이라는 증거를 부정하지는 않는다.

간추린 말

히브리 성서가 오늘날 교회에서도 계속 규범적 권위를 지녀야 할 이유를 세 가지 히브리 모음집과 실제 본문들의 측면에서 살폈다. 그렇다면 '칠십인역'은 어디로 가야 할까?

첫째, 외경은 규범적이지는 않으나 개신교회가 이를 완전히 무시해서도 안 된다. 개인 신앙의 '덕을 세우고' 배움에 유용하다는 히에로니무스의 통찰은 지금도 유효하며 다시 회복되어야 한다. 실제로 이런 견해는 종교개혁 시대에는 일반적이었으나 시간이 지나면서 희미해졌다.[20] 비록 규범적 권위를 지니지 않지만, 개신교 신자도 외경을 유익하게 읽을 수 있다.[21]

둘째, 최초 진본인 히브리어 형태를 복원하기 위해 현존하는 마소라 본문을 편집하는 과정에서 그리스어 구약의 사본들은 매우 중요하다. 만일

---

[20]   Belgic Confession, art. 6; Book of Common Prayer, art. 6; *Synopsis Purioris Theologiae*, 3.37.

[21]   다음을 참고하라. Greg Lanier, "Can Protestants Be Edified by the Apocrypha?," The Gospel Coalition, June 20, 2019, https://www.thegospelcoalition.org/article/can-protestants-edified-apocrypha.

그리스어 구약이 더 나은 문구를 포함한다면(5장 참고), 이런 경우는 규범적 권위를 행사한다. 그러나 이런 권위는 더 앞서는 (마소라 전승에서 잃어버린 것 같은) 히브리어 원문을 가리키는 것이지 그리스어 구약 자체로 향하지 않는다.

파생적 권위

히브리 정경의 규범적 권위를 옹호한다고 논의가 마무리되는 것은 아니다. 학자들은 그리스어 구약의 '형태에 대한 신적 승인'이 있어 신약 저자들이 그리스어 구약을 사용했을지,[22] 그래서 우리가 히브리어를 채택하더라도 (이른바) '칠십인역의'(Septuagintal) 본문을 동등한 (더 높이는 아니더라도) 권위를 지닌 본문으로 여겨야 할지 궁금해한다.[23]

이런 논쟁은 권위에 관한 여러 정의를 평면적으로 취급함으로써 벌어진 오류로, 그리스어 구약은 히브리어 단어를 직접 접하기 힘든 이들을 위해 번역됐다는 사실을 간과한 결과이다. 따라서 우리는 다른 충실한 성경 번역본에 접근하듯 그리스어 구약에 접근해야 한다. 앞서 설명한 대로, 이는 성경에서 비롯되었지만 **성경**과 같은 것은 아닌 **하나님의 말씀**으로서 파생적 권위를 가질 수 있다.[24] 파생적 권위가 의미하는 바

---

22 Edmon L. Gallagher, "The Septuagint in Patristic Sources," *T&T Clark Handbook of Septuagint Research*, ed. William A. Ross and W. Edward Glenny (London: Bloomsbury T&T Clark, 2021), 255-67.

23 도움이 될 만한 분류체계는 다음을 참고하라. W. Edward Glenny, "The Septuagint and Biblical Theology," *Them* 41, no. 2 (2016): 263-78.

24 **하나님의 말씀**으로서의 번역과 **성경**으로서의 원본 히브리어/그리스어의 구분에 관해 다음을 참고하라. the Chicago Statement on Biblical Inerrancy (1978), art. 10, https://

를 풀어보고 신약에서 어떤 작용을 하는지 살펴보자.

파생적 권위의 의미

2020년 기준으로, 히브리 성서와 그리스어 신약의 일부를 번역한 언어는 3,400개가 넘는다.[25] 수 세기 동안 전 세계 그리스도인 중 극히 일부만 구약을 히브리어로 읽었다. 설교자들은 세계 곳곳에서 벵골어, 스와힐리어, 북경어 등, 바울이나 모세 시대에는 존재하지 않았을 수도 있는 여러 다른 언어를 주요 언어로 사용해 성서를 가르쳤다. 그럼에도 그들 모두 그들의 언어로 된 성서를 '하나님의 말씀'이라 칭한다. 근본적으로 히브리어 구약과 그리스어 신약은 규범적 성경으로 간주되며, 교리 쟁점에서 최종 결정권을 갖는다. 그러나 교회 생활에서 암기하고, 가르치고, 전도하고, 예배할 때 자국어 번역은 하나님의 말씀으로 기능한다.

성서 자체가 번역을 보증하며 이는 오직 아랍어만을 참된 코란으로 여기는 이슬람과 극명하게 대조된다. 언어의 다양성은 바벨 사건까지 거슬러 올라가며(창 11장) 하나님이 노아의 아들들을 다루실 때 이미 예견된 일이었다(창 9장). 아브라함의 약속은 "지구상 모든 족속"이 복을 받으려면(창 12:3) 언어 장벽을 넘어야 함을 암시한다. 히브리어 또는 아람어를 쓰는 유대인들은 "모든 언어를 사용하는 사람들"에게 다가가야 한다(슥 8:23). 토라의 번역은 에스라와 느헤미야 때 시작됐을 가능성이 크다(느 8:8). 바울은 청중이 그의 말을 이해하고 받아들일 수 있도록 언

www.etsjets.org/files/documents/Chicago_Statement.pdf.

25   "2020 Scripture Access Statistics," Wycliffe Global Alliance, October 2020, accessed
       February 1, 2021, https://www.wycliffe.net/resources/statistics/.

어를 바꾸었다(행 21:40). 복음서에서 아람어로 기록한 후 바로 옆에 그 의미를 풀어 쓴 경우도(예, 막 5:41) 그리스어만 아는 이들을 위한 것이었으며, 대부분 아람어였을 예수의 말이 그리스어로 번역되었다는 사실 자체가 충실한 번역이 어떤 식으로든 권위를 가지고 있음을 의미한다.

달리 말해, 모든 민족을 향한 선교는 모두에게 같은 언어를 강요하는 것이 아니라, 하나님의 말씀을 그들의 언어로 전파해야 하는 것이다(참고, 계 5:9). 초기 기독교 운동은 토라의 역할이 지속되는지 논쟁을 벌였고 모든 것을 유대화하려는 이들에 맞섰으나(예, 행 15; 갈 2-3장), 언어적으로 유대화하려는 운동은 전혀 없었다. 즉, 고대 이스라엘, 제2성전기 유대교, 초기 기독교의 누구도 율법과 예언서를 접하기 위해 반드시 히브리어를 배워야 한다고 강요하지 않았다.

이는 무엇을 뜻하는가? 간단히 말해 구약의 경우, 하나님의 의도와 저자의 목적은 정확한 형태의 히브리어/아람어 본문 그 자체에 있는 것이 아니라, 어떤 언어로든 정밀한 번역을 통해 전달된다는 것이다. 두 언어가 같지 않기 때문에 완벽한 번역은 없다. 그러나 성령에 의해 거룩해질 때, 규범적 권위를 지닌 **성경**을 불완전하지만 유능하게 번역한다면, 그 결과는 파생적 권위를 지닌 **하나님의 말씀**이라고 할 수 있으며, 그렇게 불려야 한다.[26] 전자는 (단어들을 제시한) 신적 영감의 결과이고, 후자는 (정확한 의미를 전달한) 섭리의 결과이다.

이런 구분은 각 권위를 이해하는 데 중요하다. 구약의 경우 히브리어

---

26 더 많은 논의는 다음을 참고하라. Karen H. Jobes, "'It Is Written': The Septuagint and Evangelical Doctrine of Scripture," *Evangelical Scholarship, Retrospects and Prospects: Essays in Honor of Stanley N. Gundry*, ed. Dirk R. Buursma, Katya Covrett, and Verlyn D. Verbrugge (Grand Rapids, MI: Zondervan, 2017), 137-55.

는 여전히 규범적이다. 그러나 '의미와 진리가 보존된 곳'에서 그리스어 번역본은 히브리어를 알지 못하거나 그러한 청중을 향해 연설하는 사람에게 파생적 권위를 지녔다(이른 시기에 그리스어를 사용한 유대인-아리스테아스, 아리스토불루스, 데메트리우스, 에우폴레무스-부터 필론과 요세푸스, 신약 저자들, 많은 교부들, 초기 그리스도인들에 이르기까지).[27] 그리스어 구약이 없다면 하나님의 말씀은 큰 난관에 봉착했을 것이다.[28]

파생적 권위가 신약 안에서 작용하는 방식

신약에서 파생적 권위가 어떻게 드러나는지 사도인 저자들의 자료 출처와 인용문 유형을 통해 더 많은 증거를 조사해 보자.

광범위한 원천 자료 사용

앞서 언급했듯, 그리스어 구약을 신약 저자들이 사용했다는 사실만으로도 종종 그 지위가 격상되곤 한다. 그러나 더 큰 그림을 염두에 두어야 한다. 신약 저자들은 히브리어나 그리스어 구약에서 확인할 수 없는 본문을 인용할 때마다 "기록된 바"라는 공식의 변형을 여러 차례 사용한다. 그들은 때로 정경은 아닌 알려진 출처에서 인용하기도 한다. 유대

---

27   Francis Turretin, *Institutes of Elenctic Theology*, trans. George Musgrave Giger, ed. James T. Dennison Jr. (Phillipsburg, NJ: P&R, 1992-1997), 1.14.7. 웨스트민스터 신앙고백(1.8)은 원문 언어로 된 '진본'이며 '영감 받은' 성경과 '하나님의 말씀이 만인 안에 주재'하시는 수단으로서 자국어의 번역들을 구분한다. 다음을 참고하라. *Synopsis Purioris Theologiae*, 3.11.

28   칼뱅은 히브리어에 대한 지식이 쇠퇴한 후, 그리스어 구약의 보급으로 이스라엘의 성경에 대한 지식이 생생하게 유지된 것을 "표적이자 기적인 하나님의 사역"이라고 적절하게 묘사한다. *Institutes of the Christian Religion*, ed. John T. McNeill, trans. Ford Lewis Battles, LCC 20-21 (Louisville: Westminster John Knox, 1960), 1.8.10.

전승에는 있으나 구약에는 없는 정보를 직접 가져오기도 한다(하지만 글자 그대로 인용하지는 않는다). 표 7.2의 예를 살펴보자.

표 7.2 신약이 사용한 비성서 자료

구약 출처가 불분명한 "기록된 바" 공식*	마 2:23 ("나사렛") 요 7:38 ("생수의 강") 고전 2:9 ("눈으로 본 적 없는 것") 고전 9:10 ("밭 가는 자…곡식 떠는 자") 엡 5:14 ("깨어나라, 오 잠자는 자여") 딤후 2:19 (알려지지 않은 "인침") 약 4:5 ("그는 시기하기까지 사모한다") 벧후 2:22 (돼지가 뒹군다는 속담)
비성서 자료 인용	행 17:28-29 (아라토스와 아마도 에피메네데스) 고전 15:33 (메난드로스) 딛 1:12 (에피메네데스) 유 14-15절 (에녹 1서 1.9)
유대 전승 사용	행 5:36; 21:38 (요세푸스가 다룬 메시아주의자들의 봉기) 딤후 3:8 (출애굽기에 언급되지 않은, 이집트의 마술사 얀네와 얌브레) 히 11:35-37 (아마도 마카베오의 순교 이야기) 유 9절 (모세의 시신을 두고 사탄과 싸운 미가엘)

* 대다수 이런 구절의 경우, 그리스어 신약 비평본의 상호 참조들은 간단히 '운데'[unde] (라틴어로 '어디에서?')라고 읽는다.

분명히 말하자면, 신약 저자가 사용하는 출처가 "기록된 바" 공식을 인용했더라도 인용문을 영감으로 가득 찬 문구라고 할 수 없으며, 심지어 저자가 그 출처를 영감받은 글로 여겼다는 인상을 주지도 않는다. 바울이 그리스 시인인 아라토스를 사용하고 유다가 에녹 1서를 두드러지게 사용했다고 해서 갑자기 그 본문이 마법적으로 영감을 받거나 규범적으로 돌변하는 게 아니다. 즉, 인용문이 성경과 같은 의미로 '성경'

이 되는 것이 아니다. 영감받지 않은 출처를 영감받은 듯 사용한 이유
는 사용된 정보가 **진실**이며, 따라서 주장하는 내용과 관련이 있다는 것
을 전달한다. 이런 구분은 적어도 초기 출발점으로서 그리스어 구약을
인용한 신약의 문구들을 접할 때도 적용되어야 한다. 한 걸음 더 나아
가 보도록 하자.

인용 유형

앞 장에서는 신약의 인용 관습에 대한 자료를 살폈지만, 여기서는 그것
이 의미하는 바를 개략적으로 그려 본다. 요약하자면, 신약에서 인용된
구약은 구체적으로 네 가지 유형으로 나뉜다(표 7.3 참고).

표 7.3 신약의 인용 유형

유형	구체적인 예
히브리어와 고대 그리스어 역본 양쪽 모두 일치	마 19:19; 막 12:31; 롬 13:9에서 레 19:18 인용
히브리어와 일치, 고대 그리스어 역본과 불일치	마 2:15에서 호 11:1 인용 고대 그리스어 역본의 "나의 자녀들" 대신 히브리어의 "나의 아들" 사용.
고대 그리스어 역본과 일치, 히브리어와 불일치	히 3:7-11에서 시 95[94]:7-11 인용 몇몇 단어/구절은 히브리어("므리바"와 "맛사") 대신 고대 그리스어 역본(예, "반역"과 "시험")을 따름.
히브리어와 고대 그리스어 역본 양쪽 모두 불일치	롬 9:27에서 사 10:22 인용 히브리어와 그리스어 양쪽 모두와 의미적으로 다름.

신약에서 인용한 구약의 대부분은 첫 번째 유형에 속하는데, 전반적

인 그리스어 구약 번역의 수준을 생각하면 크게 놀라운 일은 아니다(3장 참고). 수십 개의 인용문은 다른 유형에 속하며, 기준에 따라 다르게 구분된다.[29] 인용된 문구의 이런 변동성 때문에 신약 저자들을 허술하게 여길 필요는 없다. 고대 기준으로 볼 때, 그들이 인용한 문구의 정확성은 종종 인정받는 것보다 크다.[30]

또 다른 중요한 점은 신약 저자들이 이런 인용문들을 소환해 낸 방식이다. "기록된 바"로 시작하는 인용문 및 이와 비슷한 진술은 네 가지 유형 모두에 속한다. 앞서 다룬 몇몇 구절에서 볼 수 있듯, 로마서 4:3은 '그라페'[graphē](그리스어로 '글'/신약에서는 '성경'-역주)를 인용하며, 마태복음 2:15은 "주님께서 선지자를 통하여 말씀하신 바", 히브리서 3:7은 "거룩한 영"이라고 말하면서 인용하고, 로마서 9:27은 예언자 이사야를 인용한다. 사도행전 1:16-20은 히브리어보다 고대 그리스어 역본에 더 가까운 시편 69[68]:25을 인용하며, 모든 근거를 포괄한다. "'그라페'[graphē]…성령이 말씀하신 바…다윗의 입을 통해…시편에서…"

또한, 여러 신약 저자들이 그리스어 구약의 **같은** 구절을 인용했어도, 인용문들이 언제나 서로 완벽하게 일치하지 않는다는 점도 중요하다. 6장에서 살핀 구절(십계명과 사 6:9-10)에 덧붙여, 표 7.4의 항목을 살펴보자. 다른 예시들도 있으나, 이 사례만으로도 사도인 저자들이 특정 구

---

29   다음을 참고하라. Gleason Archer and Gregory Chirichigno, *Old Testament Quotations in the New Testament* (Chicago: Moody Press, 1983), xxv-xxxii.

30   표절에 대한 학술/언론의 규칙을 따르는 오늘날은 인용 자료를 있는 그대로 베끼는 것이 아니라 본질을 포착하는 게 주요 목적이었던 고대보다 그 기준이 훨씬 크다. Charles E. Hill, "'In These Very Words': Methods and Standards of Literary Borrowing in the Second Century," in *The Early Text of the New Testament*, ed. Charles E. Hill and Michael J. Kruger (Oxford: Oxford University Press, 2012), 261-81.

약 구절의 단 한 가지 번역을 유일하게 '옳은' 것으로 승인하지는 않았음을 알 수 있다.[31]

표 7.4 같은 구약 구절을 인용한 다양한 방식

구약 본문	신약 인용	인용된 구약의 차이
창 2:24	마 19:5; 막 10:7; 엡 5:31	마태복음은 동사 "결합하다, 꼭 매달리다"에서 접두사를 생략한다; 에베소서는 다른 접속사로 시작하고 고대 그리스어 역본의 관사("the") 중 일부를 생략한다.
출 3:6	마 22:32; 막 12:26; 눅 20:37	마가복음(일부 사본)과 누가복음은 "~의 하나님"에서 두 번째와 세 번째 관사를 생략한다.
신 25:4	고전 9:9; 딤전 5:18	고린도전서는 "망을 씌우다"를 가리키는 다른 동사를 사용한다; 디모데전서는 문장의 단어 순서를 뒤바꾸었다.
시 110[109]:1	마 22:44; 막 12:36; 눅 20:42-43; 행 2:34-35; 히 1:13	마태복음과 마가복음은 "발판" 대신 "아래"를 사용한다.
슥 9:9	마 21:5; 요 12:15	요한복음은 "올라타셨다" 대신 "앉아서"를 사용하며, "나귀 새끼"를 가리키는 다른 용어를 가져온다.

이런 증거들을 종합해 중요한 점을 도출해 보자. 신약 저자들은 하나님, 성령, 예언자, 그리고 '그라페'[graphē]로부터 오는 신적 진리를 정확하게 표현하는 한, 그리스어 구약을 포함한 성경의 다양한 번역에 파생적 권위를 부여했다. 때로 (5장에 다루었듯) 신약 저자는 알려진 히브리어

---

31 그리스어 구약 번역은 정확하고, 따라서 신약에 인용될 때 완전히 규범적이라고 주장하는 이들이 있다. 하지만, 이러한 예는 그러한 경험 규칙이 너무 단순하다는 것을 보여 준다. 사도인 저자들이 항상 완벽하게 동의하지 않았던 구절의 경우에는, 어떤 번역이 '정확한' 번역이라고 판단할 수 있을까?

를 명백히 이탈해 번역한 그리스어 구약을 근거로 제시하면서 논의를 전개한다. 이따금 히브리어든 그리스어든, 알려진 모든 본문 형태에서 동일한 점을 도출할 수 있다. 저자들은 '가능한 모든 양상과 모든 면에서 원본의 표현을 정확하게 제공해야 한다고 생각하지 않았으며, 오직 원본의 가르침에 대한 참된 설명을 제공해야 한다'고 여겼다.[32] 즉, 신약 저자들은 그리스어로 번역할 때 정해진(히브리어) **문구**를 엄격하게 고수하기보다는 구약 원문의 **의미**를 충실하게 전달하는 데 우선순위를 뒀다.

따라서 신약 저자가 그리스어 구약의 문구를 '그라페'[graphē], 또는 "기록된 바"로 인용할 때, 이는 현대 설교자가 NIV를 읽은 후 "이는 주님의 말씀입니다"라고 말하는 것과 비슷하다. 그리스어 구약은 규범적 권위를 지닌 **성경**일 필요는 없으나,[33] 그리스어를 사용하는 청자에게 다가갈 때는 파생적 권위를 지닌 **하나님의 말씀**이어야 한다. 달리 말해, 파생적 권위는 규범적 원문에서 흘러나온다. 그리스어 구약의 문구가 성경의 의미를 정확하게 전달할 때, 신약 저자들은 이를 바르게 인용하고 참되게 적용한다.

간추린 말

우리는 그리스어 구약이 당시 그리스어를 사용하는 교회에 파생적 권위(원문과 독립적이지 않고 오히려 원문으로부터 흘러나온 권위)를 지니게 된 방식을 구체적으로 살폈다. 여기서 두 가지 핵심을 짚고 넘어가자.

---

32 Archibald Hodge and B. B. Warfield, "Inspiration," *Presbyterian Review* 6 (1881): 225–60.

33 유능한 설교자들은 그들이 사용하는 역본에서 완벽한 번역이 아닌 예를 구체적으로 보여주면서, 동의하지 않음을 표현할 수 있다.

첫째, 신약에서 인용된 그리스어 구약의 본문 형태 자체가 영감받았다는 의미가 아니며, 그 본문 형태가 (만일 다르다면) 마소라 본문의 형태를 대체해야 한다는 의미도 아니다. 또한, 그리스어 구약 전체를 규범적인 성경으로 봐야 한다는 의미도 아니다. 오히려, 신약 저자가 그리스어 구약 본문 문구를 바탕으로 주장한 구체적인 진리는 그 자체로 영감받은 것이다.[34] 사도인 저자는 인용문 자체에 영감을 불어넣은 것이 아니며(인용하지 않은 부분에는 오류가 있으나, 인용한 부분은 영감을 받은 상태가 되었다는 듯이), 칠십인역 전체에 영감을 불어넣은 것도 아니다.[35] 앞서 봤듯, 신약 저자들은 같은 구약 구절을 인용하면서도 항상 같은 문구로 표현하지는 않았다. 따라서, 신약 저자들이 그리스어 구약을 사용했다고 하여 오늘날 우리에게 성경으로서 승인되는 것은 아니다. 신약 저자들이 사용한 그리스어 구약은 (앞서 정의했듯) 단 하나의 성경이 아니었기 때문이다. 이는 하나님의 섭리로 헬레니즘 세계를 복음화하기 위한 진리의 전달 수단이었고, 히브리어 성경을 정확하게 반영하는 한 원문에서 파생된 권위를 지닌다.[36]

둘째, 칠십인역 전체는 구약의 현대 번역과 같은 방식으로 사용될 수 있다. 3장에서 다루었듯, 그리스어 구약의 번역 접근법은 현대의 번역들처럼 다양하다. 히브리 원문과 더 밀접한 관련이 있는 책이 있는가 하

---

34 Turretin이 쓰길, "신약의 칠십인역 인용문은 **그 자체가** 믿을 만하다기보다⋯복음 전도자들이 거룩한 문맥에 인용함으로써 **우연히** 그렇게 된 것이다." *Institutes*, 14.8.

35 Jobes는 (다른 비유를 들어) 이를 잘 요약한다. "암석 안에 묻힌 다이아몬드처럼, 신약에서 인용된 구약의 절들은 영감받지 않은 칠십인역 본문 안에 파묻힌 극히 작은 영감 덩어리란 의미인가? 전혀 그렇지 않다. 칠십인역 인용문은 특정 신약 문맥 안에 사용되면서 영감받은 신약 본문의 일부가 됐으며, 그렇게 특별히 의미론적 기여를 할 때만 신적 영감이 적용된다." "'It Is Written,'" 154.

36 Robert Cara의 지적대로, 신약에서 구약을 인용하는 이런 유형은 성경의 "참되고 온전한 의미"의 "선하고 필요한 결과"와 들어맞는다. Westminster Confession of Faith 1.6 and 1.9.

면(예, 민수기), 그렇지 않은 책도 있다(예, 욥기). 즉, NASB를 좋아하는 이들도 있고 NLT를 좋아하는 이들도 있다. 넓은 범위에서 본다면, 그리스어 구약은 신약에 인용된 작은 부분뿐만 아니라, 그 한계와 오류를 염두에 둔다면, 읽을 수도 있고, 심지어 인용할 수도 있다.[37] 이는 또 다른 형태의 권위로 이어진다.

해석적 권위

그리스어 구약을 보는 마지막 방식은 '기독교 신학을 수행하기 위한 자료'로서 보는 것이다.[38] 초기 유대교의 성경 해석을 반영하고 신약과 초기 교부 주해를 형성한 중요한 방식을 염두에 둘 때, 그리스어 구약은 일종의 해석적 권위를 지닌다고 봐야 한다.

우리가 의미하려는 바를 더 분명히 해보자. 종교개혁은 "성경은 성경을 해석한다"라고 천명했다. 규범적 권위는 스스로를 규범화한다. 그러나 이런 원리는 엄격한 성서주의(biblicism, '오로지 나와 내 성경만', 오직 성경만을 신앙의 유일한 척도요 기준이며 원천으로 삼는 신앙관-역주)를 강요하거나 더 넓은 교회 전통에서 오는 통찰을 배제하지 않는다.[39] 앞서 살폈듯,

---

37 Turretin이 쓰길, "인간 저술로 만들어진 것에 더 많은 권위를 부여해서는 안 된다." *Institutes*, 14.6, Joannes Morinus 인용.

38 J. Ross Wagner, "The Septuagint and the 'Search for the Christian Bible,'" *Scripture's Doctrine and Theology's Bible: How the New Testament Shapes Christian Dogmatics*, ed. Markus Bockmuehl and Alan J. Torrance (Grand Rapids, MI: Baker Academic, 2008), 17-28.

39 다음을 참고하라. Michael Allen and Scott R. Swain, *Reformed Catholicity: The Promise of Retrieval for Theology and Biblical Interpretation* (Grand Rapids, MI: Baker Academic, 2015).

신약 저자들조차 유대교와 헬레니즘 전통에 참여했다는 점에서 엄격한 성서주의자들은 아니었다. 따라서 그리스어 번역을 히브리 성경에 대한 **주석**으로, 즉 성서 연구에 참여하는 여러 목소리 중 일부로 간주할 수 있다. 물론 그리스어 구약에 오류가 전혀 없다고 할 수는 없으며, 그것을 **오로지** 주석으로 취급하는 것은 (앞서 암시했듯) 너무 제한적이다. 그러나 그리스어 구약은 현재 (특히 개신교) 그리스도인들 사이에서 받는 것보다 더 많은 관심을 받아야 한다.

그리스어 구약에 대한 이런 접근은 사실 고대 교회의 관습을 되찾는 일이기도 하다. 자주 잊곤 하지만, 정통 교리에 이른 초기 논쟁의 대부분은 그리스어를 사용하는 동방에서 일어났다. 순교자 유스티누스와 유대교 대화자의 논쟁에서부터 아타나시우스 같은 특정 인물이 이끈 삼위일체와 기독론을 논의한 전체 교회들의 공의회에 이르기까지, 논쟁은 대개 그리스어로 진행됐다. 그리고 그들은 '칠십'(Seventy)이라 불린 구약 본문만 거의 사용했으며, 종종 아퀼라 및 다른 개정본들을 참조하기도 했다. 고대 그리스어 역본의 이사야 7:14('파르테노스'[*parthenos*])은 성육신 논의에서 필수적이었다. 그리스어의 잠언 8장에 나온 "지혜"('소피아'[*sophia*])의 "창조" 또는 "선재" 개념은 아리우스주의와의 논쟁에서 핵심 역할을 했다. 다니엘의 "사람의 아들" 구절의 다양한 그리스어 형태는 교부들이 그리스도의 인성을 설명하는 데 주요 역할을 했다. 그리스어 구약은 히브리 성서와 크게 다른 신학을 갖고 있지 않은 반면,[40] 다

---

40   Karen H. Jobes도 이를 언급한다. "The Septuagint as Scripture in the Early Church," *The Sacred Text: Excavating the Texts, Exploring the Interpretations, and Engaging the Theologies of the Christian Scriptures*, ed. Michael Bird and Michael Pahl (Piscataway, NJ: Gorgias, 2010), 24.

음 내용은 일반적으로 사실이다.

> 2세기에서 5세기까지 일어난 형성적 신학 논쟁은 칠십인역과의 끊임없는 대화를 통해 수행됐으므로, 승리한 정통은 이런 특정 언어에 의존해 그들의 교리를 공식화했다.[41]

주석은 틀리기도 한다. 그렇다고 전체를 무시해야 한다는 의미는 아니다. 이런 관점에서 그리스어 구약은 비록 오류가 있긴 하지만, 히브리 성경을 해석해 온 역사를 이해하는 데 있어 중요한 위치를 차지한다고 볼 수 있으며, 또한 그래야만 한다.[42]

권위에 관한 이런 시각은 그리스어 구약 전체뿐만 아니라 5장에서 조사한 잘 알려진 사례, 즉 그리스어 전승의 책이나 구절의 형태가 전통적인 히브리 본문과 의미적으로 다른 경우에도 적용된다(예, 다윗과 골리앗 이야기의 더 짧은 본문, 예레미야, 에스겔). 드문 예외를 제외하고, 이런 변형된 그리스어 형태들은 규범적 히브리 성경을 복원하는 데 본문 비평적으로 거의 도움이 되지 못한다. 게다가, 알려진 히브리어와 상당히 다르기 때문에 단순한 번역으로 간주할 수 없으며, 따라서 파생적 권위도 거의 없다. 오히려 새로운 방식으로 바꾸거나 재구성하는 등 성서 책들을 '재의미화'하는 더 넓은 유대교적 범주의 일부로 보는 것이 가장

---

41   Gallagher, "Septuagint," 265.

42   Wagner는 칠십인역을 기독교에서 성서의 진리를 담은 '완전한 정경' 또는 '더 넓은 정경'의 일부를 형성한 것으로 묘사한다. "Septuagint," 24. 여기서 '정경'의 사용에 대해 논쟁을 벌일 만하지만, 어쨌든 요점은 드러났다.

좋은 방식이다.[43] 따라서 그들은, 초기 유대 해석을 들여다보는 유용한 창이기도 하다.[44]

이제 최종 결론에 다다랐다. **구약과 관련된 신약의 신학을 연구할 때, 마소라 본문뿐만 아니라 그리스어 구약 역시 해석적 역할을 해야 한다.** 그리스어 구약 덕분에 우리도 신약 저자들이 숨 쉰 당시의 공기로 호흡할 수 있다. 때로 더 나은 방식으로 구약 본문을 읽을 수 있다. 이는 유대-기독교 맥락에서 특정 단어, 구절, 사고가 어떻게 널리 쓰였는지 소중한 빛을 비춰 준다. 무엇보다 중요한 사실은 신약 저자들이 히브리어 대신 자주 사용했다는 점이다. 그러므로 신약의 구약 구절 인용과 주변 문맥을 연구할 때 그리스어 구약을 참조하지 않는다면 빈약한 연구가 된다. 그리스어 구약은 구약을 번역하고 해석하는 핵심 연결고리이므로 신약을 분석하고 해설할 때 주변부로 밀려나서는 안 된다.[45]

끝맺으며

지금까지 다룬 논의를 떠올려 보면, '칠십인역'의 권위에 관한 질문에 대답은 예 또는 아니요 보다 더 복잡할 수밖에 없다. 구약에서 신약에 이르는 다리로서의 그 권위는 표 7.5와 같이 세 가지 형태를 취한다.

---

43 이런 '재의미화' 범위에는 아람어 타르굼과 이른바 '다시 기록된 성서'(rewritten Bible) 장르(예, 희년서, 위 필론의 성서 고대사, 창세기 외경)가 포함된다.

44 그리스어 신약에 더 긴 내용이 추가된 경우도 마찬가지이다. 간음한 여인(요 7:53-8:11) 이야기나 마가복음의 긴 결론(16:9-20)이 '성경'이라는 것을 거부하더라도, 여전히 초기 교회가 예수의 이야기를 어떻게 해석했는지에 대해 통찰을 얻을 수 있다.

45 다음을 참고하라. Glenny, "Septuagint."

표 7.5 '권위'의 확장된 체계

	규범적	파생적	해석적
주요 개념	성경	하나님의 말씀	주석
설명	영감 받은 정경, 신앙과 실천을 위해 사용된 본문	섭리로 인도된 성경 번역으로, 하나님의 말씀을 하나님의 사람들에게 전달할 수 있는 성경의 번역	하나님의 사람들이 성경을 이해하는 데 도움이 되는 분명한 통찰
그리스어 구약의 역할	히브리어는 규범적 정경이고 본문이다. 그리스어 구약은 종종 본문을 재구성할 때, 핵심적인 본문 비평의 역할을 한다.	그리스어 구약은 초기 그리스어를 사용하는 교회에서 하나님의 말씀이었다; 신약 인용문들은 그리스어 구약 전체를 성경으로서 승인하지는 않지만, 인용된 본문이 사실임을 보여 준다.	사도 및 초기 교부의 그리스어 구약 사용은 신학을 위한 (오류 가능성 있는) 원천 자료로서 역할을 중요해 보이도록 한다.

그렇다면 **우리는** 그리스어 구약을 사용해야 할까? 물론 사용해야 한다. 그러나 목적에 따라 다르게 사용돼야 한다는 것 역시 중요하다. 어떤 종류의 권위를 부여하느냐에 따라 사용 방법이 결정되기 때문이다.

특정 그리스어 사본에서 발견되는 더 넓은 정경을 따르면 안 되지만, 유대 및 초기 기독교 세계를 이해하려면 외경을 읽어야 한다.

'칠십인역'을 오늘날 교회에서 '영감받은' 성경과 동일하게 사용할 수 있는 단일 개체인 것처럼 설교해서는 안 되지만, 히브리어 본문을 재구성하기 위한 핵심 자료로서 본문 비평적으로 참고해야 한다.

신학적 논쟁의 문제에서 최종 결정권을 그리스어 구약에 넘겨주면 안 되지만, 신약 저자들과 초기 교회의 성서 신학 형성에서 중요하다는 점을 인식해야 한다.

성경 난외주에 그리스어 오경이 언급되면 정체 모를 무관한 것으로 무시해선 안 된다. 구약, 신약, 신약에서의 구약 사용, 그리고 교회 역사를 이해하고자 한다면 그리스어 구약에 온전히 주의를 기울여야 한다.

부록

칠십인역에 관한
열 가지 핵심 질문

우리는 '칠십인역'을 소개하며 많은 복잡한 지형을 다루었다. 다음 목록은 목회자와 성경 교사가 받을 수 있는 일반적인 질문과 간단한 답변을 제공한다.

1. '칠십인역'은 무엇인가요?

'칠십인역'(약어로 LXX)은 대개 히브리 성서의 고대 그리스어 번역 전서(corpus)를 일컫는 포괄적인 용어이다. 오경(창세기-신명기)을 번역한 초기 노력과 결과, 일부 개정본을 포함한 히브리 성서의 모든 책의 번역, 히브리 책과 외경으로 알려진 추가 문헌들을 포함한 그리스어 문헌 모음집 등 문맥에 따라 다양한 의미로 사용될 수 있다.

2. '칠십인역'은 어디에서 찾을 수 있나요?

현대 번역: 최근에 나온 두 종류의 영어 번역본이 있으며, 서로 약간씩

다른 철학을 담고 있다.[1]

Penner, Ken M., and Rick Brannan, eds. *The Lexham English Septuagint.* Bellingham, WA: Lexham, 2019. (LES)

Pietersma, Albert, and Benjamin G. Wright, eds. *A New English Translation of the Septuagint.* Oxford: Oxford University Press, 2008. (NETS)

그리스어 반비평본(semicritical editions): 반비평본의 본문은 온전한 표준 전서를 포함하지만, 제한된 사본을 기초로 제작됐다.[2]

Rahlfs, Alfred, and Robert Hanhart, eds. *Septuaginta: Editio Altera.* Stuttgart: Deutsche Bibelgesellschaft, 2006.

Swete, Henry Barclay, ed. *The Old Testament in Greek, according to the Septuagint.* Cambridge: Cambridge University Press, 1896.

그리스어 역본: 가장 철저한 학술 본문은 고대 그리스어 역본의 본문 자체를 재구성하는 것을 목표로 한 괴팅겐 역본으로 알려져 있다. 전서 전체가 완성되지는 않았으나, 본문들은 여전히 제작 중이다.[3]

---

1   이런 철학들 및 다른 번역과 관련해 다음을 참고하라. William A. Ross, "The Septuagint and Modern Language Translations," *T&T Clark Handbook of Septuagint Research*, ed. William A. Ross and W. Edward Glenny (London: Blooms- bury T&T Clark, 2021), 329–44.

2   이전 판은 인터넷에서 무료로 이용할 수 있다. Rahlfs and Hanhart 역본 역시 the Deutsche Bibelgesellschaft 웹사이트에서 이용할 수 있다. www.academicbible.com/en/online-bibles.

Wevers, John W., Robert Hanhart, Alfred Rahlfs, Joseph Ziegler, Werner Kappler, Felix Albrecht, Peter J. Gentry, et al., eds. *Septuaginta Vetus Testamentum Graecum*. Auctoritate Academiae Scientiarum Gottingensis editum. Göttingen: Vandenhoeck & Ruprecht, 1939-.

'케임브리지 프로젝트 역본'(larger Cambridge edition)으로 잘 알려진 더 오래된 프로젝트 역시 비평 본문을 생성하는 것을 목표로 했으나, 괴팅겐 역본보다 본문 증거가 부족하다. 이 프로젝트는 완성되지 못한 채 멈췄으나 여전히 유용하다.

Brooke, Alan E., Norman McLean, and Henry St. J. Thackeray, eds. *The Old Testament in Greek*. Cambridge: Cambridge University Press, 1906-1940.

개정판: 다음 본문들은 4장에서 다룬 다양한 개정본을 재구성하려는 시도이다. 헥사플라의 필즈 판(Field's edition)은 이용 가능한 증거가 부족하여 연속된 본문이 아니라 단어 또는 구절 단위의 읽기만 제공한다는 점에 유의해야 한다.[4]

---

3   책별 서지 정보는 괴팅겐 과학과 인문학 아카데미(Göttingen Academy of Sciences and Humanities) 웹사이트에서 확인할 수 있다. http://adw-goe.de/en/research/completed-research-projects/akademienprogramm/septuaginta-unternemen/publications/septuaginta-vetus-testamentum-graecum. 2021년 6월 22일 접속.

4   Field의 주요 역본은 Hexapla Instituted와 관련한 학자들이 계속 업데이트 중이다. 해당 프로젝트의 완성 부분은 다음 웹사이트에서 찾을 수 있다. https://hexapla.org, 2021년 6월 22일 접속.

Fernández Marcos, Natalio, and José Ramón Busto Saiz, eds. *El Texto Antioqueno de la Biblia Griega*. Madrid: Instituto de Filología CSIC, 1989-1996.

Field, Frederick. *Origenis Hexaplorum Quae Supersunt, sive Veterum Interpretum Graecorum in Totum Vetus Testamentum Fragmenta*. Oxford: Clarendon, 1867-1875.

3. 그리스어 구약은 언제, 어디서, 왜, 어떻게 제작됐나요?

번역은 BC 3세기 중반, 이집트 알렉산드리아 안팎에서 오경으로 시작됐다. 이후 몇 세기 동안 이집트와 아마도 팔레스타인에서 다른 책들이 번역됐다. 번역자들은 여러 언어를 사용하는 유대인들로, 아마도 외부 요인(프톨레마이오스 통치를 감안할 때 그리스어로 유대 율법에 접근 가능한 사회정치적 필요성)과 내부 요인(히브리어를 읽지 못하고 그리스어를 사용하는 유대인들에게 성경을 제공해야 할 종교적 필요성)에 의해 동기를 얻었을 것이다. 전서로서 볼 때, 번역은 균일하지 않지만, 수많은 접근법과 층위를 드러낸다. 대다수 번역가는 원문의 각 단어를 그리스어로 표현하는 것을 기본 접근법으로 삼았다. 다른 번역가는 그런 목적에 크게 의미를 두지 않았고 본문을 표현하는 방식에 있어 창의력을 발휘했다(또는 오늘날 사용되는 표준 마소라 본문과 다른 원문을 사용했다). 또 다른 이들은 번역할 때 원문의 언어적 요소를 그대로 표현하기 위해 보다 정확하고 순차적인 접근법을 취했다. 모든 경우에 번역가들은 때로 놀랍고도 미묘한 방식으로 그리스어에 대한 그들의 예술적 감각과 능력을 보여 준다.

4. 그리스어 구약은 어떻게 우리에게 왔나요?

그리스어 구약은 유대 서기관들과 기독교 필경사들이 손으로 베껴 쓰는 과정을 통해 수 세기 동안 전달됐다. 이는 의도적이든 아니든 본문 변형을 일으킬 수밖에 없었으며, 학자들은 이를 분류하여 가장 초기의 문구에 근접하기 위해 노력하고 있다. 또한 시간이 지남에 따라 히브리어 본문에 더 가깝게 번역하기 위해 번역을 수정하는 등 여러 가지 언어적 목표를 달성하기 위한 노력이 있었다. 아퀼라, 심마쿠스, 테오도티온, 오리게네스의 헥사플라 개정본, 이른바 안디옥(루키안) 개정본 등, 전체를 다시 번역하는 작업도 실행됐다.

5. 그리스어 구약은 오늘날 구약의 정경과 본문을 연구하는 데 어떤 도움을 주나요?

정경과 관련하여 외경(예, 마카베오 1-2서[상하], 유딧, 토빗)은 로마가톨릭교회와 정교회에서 '제2정경'으로 간주되는데, 그 이유는 정경의 그리스어 번역본이 점점 더 많아지고 있기 때문이다. 하지만 대다수 유대인들은 이 책들을 성경으로 인정하지 않았으며 대신 히브리 책들의 규범성을 지목했다. 이는 종교개혁 시대에 개신교회가 채택한 관점이기도 하다. 본문 비평 측면에서 그리스어 구약은 히브리 성서의 원문을 복원하는 데 도움이 된다는 점에서 가치가 있다. 가장 완성도 높은 히브리 사본은 중세 시대의 것이지만, 그리스어 구약은 천 년 전의 증거를 제공하므로 히브리 전승에 들어간 오류를 바로잡는 데 도움이 된다.

6. 그리스어 구약은 고대 유대 세계를 들여다볼 수 있는 창을 어떻게 제공하나요?

모든 번역은 정의상 일종의 주석이다. 그러므로 그리스어 구약은 고대 유대인들이 히브리어에 충실할 때뿐만 아니라 특히 언어 사용이나 당대의 사건에 대한 견해, 사회적 맥락, 심지어 신학에 대한 통찰력을 제공하는 방식으로 성경을 수정할 때 성경을 어떻게 해석했는지를 엿볼 수 있다.

7. 신약 저자들은 그리스어 구약을 사용했나요?

그렇다. 그러나 한정된 범위에서 사용했다. AD 1세기에 로마 세계 전체가 그리스어를 사용했음을 염두에 둘 때, 사도인 저자들이 그리스어로 신약을 기록했다는 것은 당연하다. 그렇게 하면서, 신약의 저자들은 청중들(로마, 고린도, 에베소 등)에게 익숙한 그리스어 본문을 사용하여 구약을 인용하는 경우가 많았다. 신약 저자들의 '칠십인역'은 책꽂이에서 꺼낼 수 있는 가죽으로 제본된 깔끔한 사본 묶음이 아니었다. 고대 세계에는 그런 책이 아직 존재하지 않았다. 그럼에도, 이러한 구약의 인용문은 오늘날 우리가 알고 있는 마소라 히브리어 본문에서 이탈한 경우에도 종종(항상 그런 것은 아니지만) 고대 그리스어 역본의 문구에 밀접하게 부합하는 것이 사실이다.

8. 그리스어 구약은 오늘날 교회에서 권위가 있나요?

이 책에서 제시한 역사적 논증에 따르면, 히브리 성서는 규범적인 정경과 본문으로서 우선돼야 하며, 그리스어 구약은 히브리 성서를 확립하는 데 도움을 주는 역할을 해야 한다. 그리스어 구약은 히브리 본문의 번역본으로서 가치가 있으며 사도들과 초기 교회에서 파생적 의미의 (현대의 번역들처럼) '하나님의 말씀'으로서 적절하게 사용됐다. 마지막으로 고대 '주석'으로서의 그리스어 구약은 히브리 성서를 해석하는 데 유용하나 오류의 가능성을 지닌 통찰을 제공한다.

9. 사역 현장에서 '칠십인역'이 등장할 때 발생하는 위협적인 문제를 어떻게 다뤄야 하나요?

많은 복음주의자에게 '칠십인역'은 다양한 이유로 위협적으로 보이지만, 좋은 반응을 일으키기도 한다.

- '칠십인역'의 역사와 특징은 복잡하고, 때로 난해해 보이기도 한다. 이와 같은 책을 통해 주제의 기본에 더 익숙해지길 제안한다.
- 이는 히브리어 본문의 전달이 온전해 보이지 않는 자료를 제공하기 때문에, 구약의 무오성에 대해 불편한 질문을 제기한다. 특정 책들(예, 예레미야)의 본문 변형 또는 다양한 버전이 존재한다고 해서, 확실한 증거를 지닌 고정되고 규범적인 본문이 없다는 의미는 아니다.
- 외경과 그리스어 구약의 관계 때문에 종종 그리스어 구약을 위험하거나 사기성이 있는 것으로 오인하기도 하는데, 특히 KJV만 보는 무리에서 더욱 그러하다. 하지만 우리는 교부들과 마찬가지로 외경을 유용하지만 비성경적인(nonscriptural) 문헌으로 접근해야 한다. 후대에 '칠십인역'의 일부로 추가된 외경을 오늘날 채택해야 할 필요도 없으며, 외경이 그리스어 구약 자체를 망가뜨리지도 않는다.
- 특히 신약이 히브리어와 다른 그리스어 구약을 인용했으므로 신약의 무오성에 대해 질문할 수도 있다. 우리는 독자들에게 신약 저자들이 그리스어 문구(전체)를 승인하지 않고 히브리어가 (그 자체로) 틀렸음을 보

여 주는 것이 아니라, 단순히 그들의 주장에 참되고 타당한 구약 본문
의 형태를 채택한 것임을 상기시킨다.

10. 더 자세히 알고 싶으면 어떤 책들을 참고하면 될까요?

이 책의 주제를 더 자세히 살펴보려면 알파벳 순으로 나열된 다음의 문
헌들을 추천한다.

Aitken, James K., ed. *T&T Clark Companion to the Septuagint*. London:
　　T&T Clark, 2015.

Dines, Jennifer M. *The Septuagint*. Understanding the Bible and Its
　　World. London: T&T Clark, 2004.

Fernández Marcos, Natalio. *The Septuagint in Context: Introduction to
　　the Greek Version of the Bible*. Translated by Wilfred G. E. Watson.
　　2nd ed. Leiden: Brill, 2000.

Fernández Marcos, Natalio, and María Victoria Spottorno Díaz-Caro,
　　eds. *La Biblia Griega Septuaginta*. Salamanca: Ediciones Sígueme,
　　2008-2013.

Harl, Marguerite, et al., eds. *La Bible d'Alexandrie LXX*. Paris: Cerf, 1986-.

Jellicoe, Sidney. *The Septuagint and Modern Study*. Oxford: Clarendon,
　　1968.

Jobes, Karen H., and Moisés Silva. *Invitation to the Septuagint*. 2nd ed.
　　Grand Rapids, MI: Baker Academic, 2015. 『70인역 성경으로의 초대』,
　　김구원 옮김(서울: CLC, 2000).

Kraus, Wolfgang, and Martin Karrer, eds. *Septuaginta Deutsch: Das Griechische Alte Testament in Deutscher Übersetzung*. Stuttgart: Deutsche Bibelgesellschaft, 2009. (LXX.D)

Kreuzer, Siegfried, ed. *Introduction to the LXX*. Translated by David A. and Peter Altmann. Waco, TX: Baylor University Press, 2019.

Lanier, Gregory R., and William A. Ross, eds. *Septuaginta: A Reader's Edition*. 2 vols. Peabody, MA: Hendrickson, 2018.

Ross, William A., and W. Edward Glenny, eds. *T&T Clark Handbook of Septuagint Research*. London: Bloomsbury T&T Clark, 2021.

Salvesen, Alison G., and Timothy Michael Law, eds. *The Oxford Handbook of the Septuagint*. Oxford: Oxford University Press, 2021.

Swete, Henry Barclay. *An Introduction to the Old Testament in Greek*. Cambridge: Cambridge University Press, 1914.

찾아보기

성구 찾아보기